“十四五”职业教育国家规划教材

微课版

幼儿游戏

第二版

主　编　陈闽光　王丹丹
副主编　陈　宁

中国人民大学出版社
·北京·

图书在版编目（CIP）数据

幼儿游戏/陈闽光，王丹丹主编. -- 2 版. -- 北京：中国人民大学出版社，2025. 1. -- ISBN 978-7-300-33711-1

Ⅰ. G613. 7

中国国家版本馆 CIP 数据核字第 2025LB0041 号

“十四五”职业教育国家规划教材

幼儿游戏（第二版）

主　编　陈闽光　王丹丹

副主编　陈　宁

You'er Youxi

出版发行	中国人民大学出版社		
社　　址	北京中关村大街 31 号	**邮政编码**	100080
电　　话	010－62511242（总编室）		010－62511770（质管部）
	010－82501766（邮购部）		010－62514148（门市部）
	010－62515195（发行公司）		010－62515275（盗版举报）
网　　址	http://www.crup.com.cn		
经　　销	新华书店		
印　　刷	北京瑞禾彩色印刷有限公司	**版　　次**	2021 年 10 月第 1 版
开　　本	787 mm×1092 mm　1/16		2025 年 1 月第 2 版
印　　张	13.25	**印　　次**	2025 年 1 月第 1 次印刷
字　　数	282 000	**定　　价**	52.00 元

第二版前言

《幼儿游戏》教材于2023年获评首批“十四五”职业教育国家规划教材，一直受到广大高职院校学前教育专业及相关专业师生的好评。该教材从最初闽江师范高等专科学校的校本教辅材料到成为国家规划教材，走过了从纸质讲义到依托“学银在线”平台、整合新媒体技术的新形态立体化教材开发的过程。在教材建设过程中，任课老师依托教材授课，获得了福建省职业院校教师教学能力比赛一等奖。“幼儿游戏”已建设成福建省职业教育精品在线开放课程。授课团队以将本课程建设成为国家精品在线开放课程为目标，继续丰富、优化课程资源与教材内容。在第一版教材的基础上，编写团队对教材内容进行了全面审视和深入修订，以确保教材能够更好地适应新时代学前教育的需求。

第二版《幼儿游戏》的主编团队加入了闽江师范高等专科学校学前教育系副主任王丹丹老师。她曾在一线脱产挂职，担任闽江师专附属第四幼儿园的副园长，主持完成了两项幼儿游戏方面的市厅级课题研究，在“幼儿游戏”课程上具备较强的理论基础与实践经验。

修订教材以党的二十大精神为引领，全面贯彻党的教育方针，根据高等职业教育学前教育专业的教学特点和规律进行修订。首先，编者根据最新的教育理念更新了教材内容，增加了“幼儿园情景再现”等栏目，把幼儿游戏的最新研究成果融入教材。其次，教材加强了实践指导，为了帮助师生更好地将理论与实践相结合，第二版教材中增加了案例分析和教学活动设计，利用二维码增加了一些视频资料，以便教师能够根据实际情况灵活运用。此外，为了适应数字化教学的趋势，我们为教材配备并更新了丰富的多媒体教学资源，包括视频、音频、照片等，以便教师和学生能够更加直观地理解和掌握教材内容。本教材配套在线资源可以在“学银在线”平台找到，该平台的配套资源每年会根据教学实践要求进行更新，保证了教材的动态性。我们还注意教材内容的跨学科整合，第二版教材将幼儿游戏与艺术、语言、科学等多个领域和一日生活相结合，有利于培养学前儿童的综合素质。最后，第二版教材强化了学生的学习反馈评估，每个单元后的“过关题”可以帮助教师和学生及时了解学生的学习进度和效果，以便进行针对性的调整和优化。

第二版《幼儿游戏》教材更加贴合新时期学前教育的实际需求。编写团队期待全国学前教育专业的同行们，为我们教材的建设提出更多的建议和指导，共同促进学前教育专业人才的培养。

编者

第一版前言

“突出时代特色，进行三教改革”是中国高等职业教育改革的方向，而教材改革是三教改革落到实处的表现之一。“幼儿游戏”是为学生学习幼儿游戏基本理论、培养指导各年龄班幼儿游戏能力而设置的一门专业必修课，具有很强的理论性与实践性。

本教材根据高等职业教育学前教育专业的教学特点和规律进行编写，是教材和学材的融合体。本教材选用项目任务式编排，提倡学生互动、小组合作。利用本教材专用的百度贴吧——“学习幼儿游戏”，可进行学生与学生、教师与学生之间的互动提问与回答，凸显本教材开放性、互动性的特点。本教材通过拓宽学生表达与交流的渠道，提高学生的学习兴趣、交流能力、合作探究能力。除理论知识外，本教材还提供了国家教师资格考试真题链接、微课、参考阅读等资源，方便学生自主学习和钻研。教师在学生学习的基础上，通过本教材对重难点进行点拨，可进一步提高学生的问题意识与实践能力。

本教材根据幼儿园工作实际和学生学习规律，共分为八个单元：幼儿游戏导论、角色游戏、表演游戏、结构游戏、智力游戏、音乐游戏、体育游戏、非游戏活动游戏化。每个单元就是一个工作任务。为了完成这一任务，学生要阅读教材中相关理论知识，完成模拟幼儿园实际工作过程提出的项目式任务。每一项任务由多个子任务构成。这些子任务既有工作场景的实践任务，也有理论学习的知识任务。每个单元内容以“学、做、思”的顺序呈现。“学”是任务描述和知识解析；“做”是学生按幼儿园工作情境完成项目任务；“思”是对学生任务完成情况进行评价延伸。本教材第二单元至第七单元（均介绍某类游戏）的编排顺序基本相似，方便教师和学生在使用时灵活处理学习各单元的先后顺序，对比各游戏某些相似环节间的不同与联系。

本教材专门制作了“任务索引”。任务编码的逻辑顺序是单元（总任务）-任务-子任务-页码。如 2-2-2-52，第一个 2 指的是第二单元的总任务（学习角色游戏）；第二个 2 指的是第二个任务（设计一张幼儿园活动室角色游戏区域的环境图）；第三个 2 指的是第二个子任务（说说创设生活化、多元化角色游戏环境应该怎么做）；第四个 52 指的是这部分内容在教材的第 52 页。一般情况下，每个单元的任务对应教材每一节的标题，子任务对应每一节内容的大标题。

本教材由具有多年幼儿教育理论研究与实践工作经验的高职师范院校教师和幼儿园园长合作编写。主编陈闽光老师是2018年福建省教学名师培养人，闽江师范高等专科学校学前教育学院副院长、副教授，从事高职学前教育专业教学多年，积累了丰富的教学经验，多年来一直专注于“幼儿游戏”课程教学手段、方法、模式的改革与创新，其教授的“幼儿游戏”课程是福建省级精品在线课程。副主编陈宁是福建省学科教学带头人，福建省名园长后备培养人选，闽江师专附属三园、四园园长，系统研究学前教育理论，熟悉幼儿园工作内容，对幼儿园教育教学特别是幼儿游戏教学有丰富的实践经验。闽江师范高等专科学校学前教育学院华洁琼、王丹丹、李艳花、李娟老师参与了微课制作，许琮皓、吴鑫老师参与了教材部分内容的编写。

本教材注重理论与实践相结合，有较强的针对性和实用性，适合作为高职院校学前教育专业的教材，也适合各级职业教育相关专业教学使用。

编者

课程资源使用指南

同学们在学习中可以使用的课程资源有：

1. 教材《幼儿游戏》。中国人民大学出版社出版，理实一体化教材，每一单元按学、做、思三个层次安排教学进度。内设任务索引、历届幼儿园教师资格证考题、过关题、讨论题、思维导图、案例、参考阅读等。

2. 学银在线的学习平台。在学银在线平台搜索《幼儿游戏》，这里有课程 PPT、微课、自动纠错的过关题、学生实习照片、往届考卷等资料。

3. 百度贴吧“学习幼儿游戏”。在百度贴吧中搜索“学习幼儿游戏”，这里是老师和学生进行动态沟通的场所。

4. 微课。可以在教材中扫码观看，也可以在学习平台上直接观看。

学习的步骤：

学——按照教材阅读、听课。

做——完成每一单元的任务。观察记录游戏或完成过关题。如果有不过关的题目则可以重复对照课本，观看老师上传的微课。

思——观看教材每单元后的思维导图，将所学知识系统化。课后利用百度贴吧进行同学间跨班级的交流讨论。

《幼儿游戏》学习指南

本书思维导图

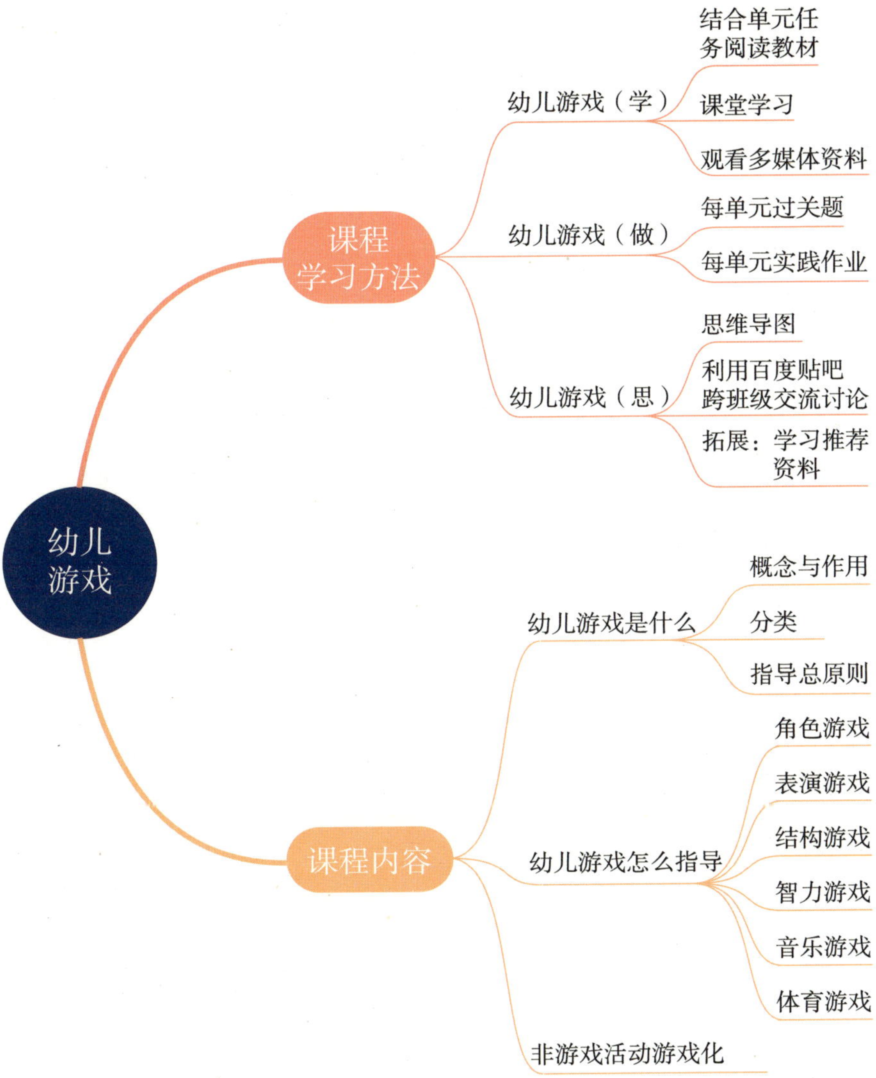
幼儿游戏
课程学习方法
幼儿游戏（学）
结合单元任务阅读教材
课堂学习
观看多媒体资料
幼儿游戏（做）
每单元过关题
每单元实践作业
幼儿游戏（思）
思维导图
利用百度贴吧跨班级交流讨论
拓展：学习推荐资料
课程内容
幼儿游戏是什么
概念与作用
分类
指导总原则
幼儿游戏怎么指导
角色游戏
表演游戏
结构游戏
智力游戏
音乐游戏
体育游戏
非游戏活动游戏化

目录

第一单元

幼儿游戏导论

知识目标

1. 了解幼儿游戏的概念和分类
2. 理解幼儿游戏的特征及价值

能力目标

联系实际理解游戏对幼儿的重要意义

素养目标

通过对幼儿游戏重要性的认识，初步形成尊重幼儿、关爱幼儿的意识

任务索引

任务描述

幼儿园的陈老师分配幼儿进入活动室各个区角后宣布："游戏开始了！小朋友们不要大声讲话。"接着，陈老师在活动室内来回踱步，"监察"幼儿的游戏进程。突然陈老师的手机响了，她赶忙到活动室外接电话。幼儿们见到老师出去了，纷纷停下手里的动作："老师走了，现在我们来玩游戏吧。"

请问，案例中幼儿心目中的游戏和教师心目中的游戏为什么不一样？什么才是幼儿游戏？如何识别真正的游戏？游戏对幼儿来说起什么作用？幼儿游戏有哪些种类？陈老师的做法违背了幼儿游戏的哪些指导原则？带着这些问题，我们开始本单元的学习。

第一节　幼儿游戏的概念和作用

从上面的案例里，我们看到幼儿园教师心目中的游戏和幼儿心目中的游戏并不一样。幼儿认为他们在陈老师的监督下玩的“游戏”不是真正的“游戏”。老师走开后自己决定要怎么玩儿、跟谁玩儿的时候才是真正的“玩游戏”。真正的游戏应该是这种幼儿心目中的游戏。

一、幼儿游戏的概念

游戏是所有哺乳类动物，特别是灵长类动物的一种降压减负的方式，是动物学习生存的第一步。在动物世界里，游戏是各种动物熟悉生存环境，相互了解彼此，练习竞争技能，进而获得“天择”的一种本能活动。动物进化程度越高，游戏的数量就越多、复杂性就越高。在人类社会中，游戏不仅保留着动物本能活动的特质，更重要的是游戏富有创造性。人类为了自身发展的需要，游戏除了具有娱乐功能外，还有培训生存技能、促进智力发展及社会交往的功能，此外还出现了人类专为游戏而创造的工具——玩具。游戏存在于人类任何一个年龄阶段。幼儿游戏研究幼儿阶段的游戏，此时，游戏是幼儿的基本活动。幼儿游戏不同于成人游戏。

（一）成人游戏与幼儿游戏的不同

1. 游戏在各自生活中的地位、意义不同

在成人的生活中，游戏仅作为一种娱乐方式，只是成人生活中一个相对次要的部分。而在幼儿的生活中，游戏是主要和基本的活动形式。

2. 游戏中的心理状态不同

游戏中的成人明确地意识到游戏活动与非游戏活动的不同，可以自由地在游戏内外切换。而幼儿则沉浸在游戏中，往往弄不清楚游戏中的真假。

3. 游戏的内容不同

成人游戏多是一种挑战，成人通过挑战获得成就感。而幼儿游戏并不看重游戏技巧，相反他们反复操作玩具、互相追逐以及在假想的情境中扮演角色，在游戏过程中体验快乐，对于结果并不十分看重。

4. 游戏的动机不同

成人游戏的动机多种多样，可能来自对自我的挑战，也可能来自游戏之外的目的，

例如联络人际关系而进行的游戏。幼儿游戏的驱动力是直接内在的，幼儿很少为了游戏以外的因素去游戏，基本上是为了玩而游戏。

5. 游戏的功能不同

游戏中探索、求知、发育身心的功能在成人游戏中已大大降低。而在幼儿游戏里这些则至关重要。游戏中丰富的探究和审美趣味，对幼儿具有非常重要的自我教育意义。这是成人游戏与幼儿游戏的最大区别。

（二）国外关于幼儿游戏的各学派理论

人类早就摆脱了“天敌”的威胁，不用像小斑马一样出生 10～30 分钟就要迅速站起，马上跟着马群迁徙，以躲避狼群的攻击。人类学会站立，要花将近 10 个月。人类幼童把精力放在学习语言沟通、社会交往等重要能力上。儿童基本的活动是游戏，经过游戏的“洗礼”，其适应环境的能力大大增强。人类很早就发现了游戏的意义。

1. 剩余精力说

该学说由德国诗人和哲学家席勒提出，由英国哲学家斯宾塞进一步论证。席勒认为，人类在生活中要受到精神与物质的双重束缚，在这些束缚中人类失去了理想和自由，于是人们利用剩余的精神创造一个自由的世界，它就是游戏。斯宾塞认为，游戏是剩余精力的发泄和运用，儿童可以从中获得愉悦和满足，生物都有保护自己生存的能力（精力）。人类不再需要将精力用于应对天敌，身体健康的幼儿除了维持正常生活以外，还有剩余精力，这些精力需要发泄。游戏活动是剩余精力的最好释放途径，是发泄体内过剩精力的方法。剩余精力越多，游戏便越多。游戏本身并没有功利目的，游戏过程就是游戏的目的。

2. 生活准备说

该学说由德国生物学家、新达尔文主义者格罗斯提出。他从生物进化的角度出发，认为游戏不是无目的的活动，而是为将来生活做准备。游戏是人与动物都有的一种天赋的本能活动。游戏时间的长短随动物进化的程度而异，越是高级的动物，在成年后维持生存所必需的基本技能就越复杂，需要练习的时间就越长。不成熟期越长，游戏的时间就越长。游戏最初是尝试性、实验性的游戏，如感觉运动游戏。这种感觉运动游戏逐渐发展到建造游戏和高级智能的练习，然后是社会经验游戏，如争斗、追逐、模仿、社会和家庭游戏等。实验性游戏的目的是发展自制能力，社会经验游戏的目的则是发展人际关系。因而游戏与实际生活相关，游戏不是没有目的的活动，而是迎接未来生活的一种准备活动。这一理论将游戏视为无目的的行为，只是人或动物消耗能量的方式。

3. 欲望说

荷兰生物学家拜登代克反对格罗斯的观点，认为游戏是幼儿操作某些物品而进行的一种活动。人的心理不需要练习、不需要游戏也能发展。游戏不是本能，而是一种欲望的表现。引起幼儿游戏的欲望有：发展个体主动性的欲望、适应环境的欲望、重复练习的欲望等。本能说认为游戏是生物进化生存机制的一部分，而欲望说则更强调游戏是儿童主动追求心理满足和发展的活动。

4. 复演说

美国心理学家霍尔认为，幼儿游戏反映了从史前的人类祖先到现代人的进化过程。游戏是个体呈现祖先的动作、习惯和活动，是重演人类祖先到现代人进化的各个阶段，游戏中所有的动作和态度都是遗传下来的。如幼儿的攀爬和荡秋千的游戏是人类处于原始阶段生活的复演，团体游戏是部落时期人类生活的复演等。

5. 社会情绪表现说

奥地利心理学家、精神分析学派创始人弗洛伊德认为，游戏可以满足欲望，减少创伤性事件对自身的伤害。游戏是被压抑的欲望的一种替代行为。游戏使幼儿能逃脱现实的强制和约束，给他们提供安全的环境，使他们合理发泄那些在现实中不被接受的、通常是攻击性的危险行为，以满足其追求快乐的愿望。例如，白天被强制打针的幼儿，回到家，通过扮演医生给洋娃娃打针来宣泄白天感到的紧张与焦虑。在游戏中幼儿从被动的承受者转变为强大的执行者，这样，幼儿从游戏中就获得了情绪的释放，得到了快乐。西方国家流行的“游戏治疗”就是这一理论的应用，用于矫治幼儿在精神上与行为中的问题。

社会情绪表现说也适用于成人。随着自我的发展，游戏的社会情绪宣泄功能变更为现实的、为社会所接受的一些活动，如俏皮话、玩笑、创造性艺术活动等。成人用这些更隐蔽的方式来满足早先通过游戏得以满足的愿望。

6. 认知动力说

瑞士心理学家皮亚杰认为，游戏并不是一种特殊形式的活动，而是智力活动的一种。皮亚杰从智力发展的角度出发，认为游戏是幼儿接受外部世界的信息，并对它们进行加工处理，使之适应自己内部认知结构的一种方法。游戏是幼儿学习新的复杂事物的方法，是幼儿巩固和扩大概念和技能的方法，也是使思维和行动相结合的方法，在幼儿智力发展中起着积极作用。游戏特别是假想游戏，是创造性想象的根源。皮亚杰尝试用幼儿认知发展作为游戏产生和发展的原因，并对游戏进行了分类。他认为游戏发展与智力发展的阶段相适应。这一分类方法将在后面进行具体论述。

7. 社会性活动说

以苏联心理学家维果茨基为代表的社会文化历史学派认为，游戏是幼儿有目的、有意识的社会性活动，是真实的实践情况之外，在行动上再造某种生活现象。幼儿游戏与动物的游戏不同，带有社会历史的特色，是幼儿的一种特殊的实践活动。幼儿看到周围成人的活动，便加以模仿，把它们迁移到游戏中去。游戏受所处社会历史环境的制约，是幼儿现实生活的反映，幼儿可以通过游戏掌握基本的社会关系。游戏在幼儿心理发展中起主导作用，幼儿心理发展的最重要变化首先表现在游戏之中。

8. 本能说

早期的游戏理论中前练习说和复演说都将游戏解释为人的本能。这意味着幼儿游戏的欲望就像人要吃饭、喝水一样，无法被压抑。德国教育家福禄贝尔也是本能说的支持者，他认为游戏是儿童内部存在的自我活动的表现，是一种本能性的活动。他是最早系统研究游戏并尝试创建游戏实践体系的教育家。他认为，游戏是幼儿内部存在的自我活动的表现，是一种本能性的活动。他将游戏的本质归结为生物性。福禄贝尔认识到游戏的不可取代性，专门为幼儿设计了玩具——恩物。恩物有 20 种，前 10 种着重引导幼儿发现，后 10 种着重引导幼儿发明与创造。福禄贝尔的恩物在全世界广为流传。他编写了边做动作边唱歌的音乐游戏、手指游戏、运动游戏，并将这些游戏用于教学活动。他认为幼儿游戏的意义与价值在于游戏活动本身。游戏是幼儿内在本质的外部表现。游戏是幼儿教育的基础，也是一种有效的教育方法。游戏是构成幼儿生活的一个要素。与同样从生物学角度解释游戏的复演说不同，本能说是“本能剧本”的即兴演出，而复演说是“进化剧本”的重演。

（三）中国的幼儿游戏理论

在我国，“游戏”与“嬉戏”“玩要”极为相似，最早出现在战国时期的历史文献中。到了现代，中国的教育家如陶行知、陈鹤琴、朱智贤等，在总结幼儿游戏实践经验的基础上，吸取各种游戏理论的有益部分，形成了中国的幼儿游戏理论。中国的幼儿游戏理论认为，游戏是适合幼儿特点的一种独特的活动方式，也是促进幼儿心理发展的一种最好的活动方式。中国的教育家们总结出幼儿游戏的特点如下。

1. 幼儿游戏具有社会性

幼儿游戏不是简单的“复演”，或消极适应生活的过程，也不是精力过剩或情绪发泄的表现。婴儿进入幼儿期，由于身心各方面的发展以及与成人的不断交往，开始产生参加社会实践活动（劳动和学习）的需要，渴望参与成人的活动。但是，因为身心发展水平的限制，幼儿还不能真正参与成人的活动，这是幼儿阶段心理发展上的主要矛盾。游戏则是解决这一矛盾最好的活动形式，因此游戏是适应幼儿身心发展的需要而产生的，是人类社会活动的一种初级模拟形式，反映了幼儿周围的社会生活。《教育大辞典》认为游戏是幼儿的基本活动，是适合幼儿年龄特点的有目的、有意识的，通过模仿和想象，反映周围现实生活的一种独特的社会活动。游戏没有强制的义务和社会的实用价值，不直接产生社会财富。

2. 幼儿游戏具有假想性

幼儿游戏是想象与现实生活的一种独特结合。它不是社会生活的简单翻版，而是对客观现实的一种特殊反映。幼儿在游戏中既能利用假想情景自由地从事自己向往的各种活动，又不受真实生活中许多条件的限制。在游戏中，幼儿既可以充分展开想象摆脱现实的束缚，又能真实再现和体验成人生活中的感受及人际关系，认识周围的各种事物。

幼儿园里经常可以看到这样的情景：几个幼儿一起玩过家家，有人当爸爸，有人当妈妈，布娃娃当宝宝。忙碌的小两口“买菜”“煮饭”，照料“宝宝”，一样也不少。在“小医院”里，幼儿更是忙得不亦乐乎，“护士”给“病人”打针、输液，“大夫”们更是尽职尽责，耳朵上挂着听诊器，手里拿着压舌板，开出一张张药方，还不忘提醒：“感冒了要多喝水，注意别让风吹了……”

3. 幼儿游戏具有主动性

幼儿游戏是幼儿有意识、有目的、主动参与且伴有愉悦体验的活动。游戏的过程就是实现游戏目的的过程。幼儿在游戏中自觉制定游戏规则，选择玩伴，有意识地通过思维和想象模拟游戏对象原有的情景，用思维和语言组织和调节游戏进程，围绕主题和内容进行游戏。因此，游戏是幼儿有目的、有意识的自主活动。

4. 幼儿游戏具有趣味性

幼儿游戏是一种娱乐活动，给幼儿带来舒适、愉快的感觉。幼儿游戏没有功利的目的。幼儿在游戏中展现自己的能力，满足自己的愿望，体验成功和创造的快乐。对于幼儿来说，游戏就是享受快乐，幼儿更重视游戏的过程。著名教育家陈鹤琴先生曾说过：孩子生来就是活泼好动的，是以游戏为生命的，游戏是幼儿的基本活动，对于孩子来说，游戏就是生命，生命就是游戏。

结合古今中外研究结果，我们将幼儿游戏定义为：3～6 岁幼儿的一种自主的、愉快的、假想性的社会活动。如果没有特别说明，本书所言游戏即指幼儿游戏。

真题链接

材料分析

教师在户外投放一些“拱桥”（见图 1），希望幼儿通过走“拱桥”提高平衡能力。但是，有的幼儿却将它们翻过来（见图 2），玩起了“运病人”的游戏，他们有的拖、有的推、有的抬……玩得不亦乐乎。对此，两位教师反应不同。A 教师认为应立即劝阻，并引导幼儿走“拱桥”；B 教师认为不应阻止，应支持幼儿的新玩法。

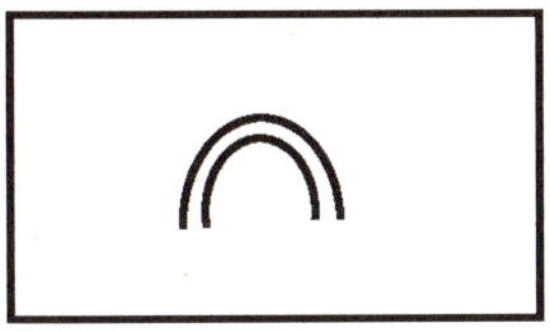

图 1

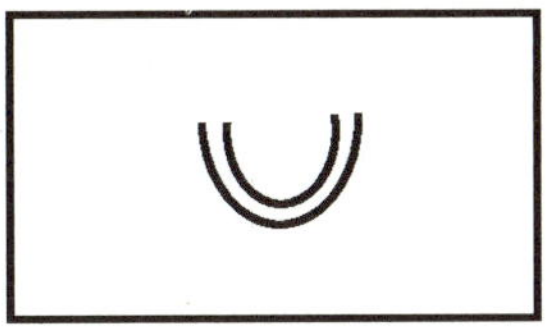

图 2

问题

1. 你更赞同哪位教师的想法？为什么？
2. 你认为“运病人”游戏有什么价值？

（2018 年下半年国家教师资格考试《保教知识与能力》真题）

答案解析

1. 更赞同B教师的想法。该教师支持幼儿的新玩法，这一理念符合游戏的基本特征。

(1) 游戏具有自主性，是幼儿主动的、自愿的活动，自主性是游戏的显著特点。材料中针对幼儿自发生成的“运病人”的角色扮演游戏，教师应尊重幼儿游戏自主产生的游戏玩法，支持幼儿游戏的创造性。

(2) 游戏具有假想性，是在假想中反映现实生活的，重在过程，没有外在强加的目的，没有必须履行的义务。部分幼儿虽然没有按照教师的预设进行体育锻炼游戏，但他们在“运病人”游戏中有的拖、有的推、有的抬，玩得不亦乐乎，在这一过程中不知不觉获得了全方位发展，得到了极大的满足。因此，教师应当给予支持。

2. “运病人”的游戏是角色游戏，是幼儿通过扮演角色，运用想象，创造性地反映个人生活印象的一种游戏，属于创造性游戏。

“运病人”游戏的教育作用如下：

(1) 促进幼儿认知和语言的发展。在“运病人”游戏中，可以增加幼儿关于照顾、运送“病人”方面的“医护”知识，促进幼儿交流表达的能力和思考问题、解决问题的能力。

(2) 促进幼儿社会性的发展。游戏可以帮助幼儿增加对“病人”这一角色的了解，体会关爱病人的情感；可以帮助幼儿克服自我中心，学会理解他人。此外，在与同伴共同“推”“抬”的过程中提高与同伴合作的能力。

(3) 有助于培养幼儿的主动性、创造性和独立性。“运病人”游戏是幼儿自发的游戏活动，并且在游戏中可以思考运送“病人”的多种方法，促进幼儿主动地思考问题，创造性地解决问题，帮助幼儿形成遇到问题自己尝试独立解决的信心与习惯。

(4) 促进幼儿情绪情感的发展。在“运病人”游戏中，幼儿可以体验多种情感，如友好、同情、责任心、成功运送“病人”的自豪感等。

真题链接

材料分析

李老师设计了一个“三只蝴蝶”的游戏活动，她选了三位幼儿扮演蝴蝶，又选了若干幼儿扮演花朵。结果幼儿兴趣不高，表现被动，还没等游戏结束，一位幼儿就问李老师：“老师，游戏完了吗？我们可以自己玩了吗？”

问题

请针对这种现象，从幼儿游戏特征和游戏指导的角度进行分析。

答案解析

从幼儿游戏特征的角度分析，幼儿游戏应该具有社会性、假想性、主动性、趣味性四个特征。

从教师对游戏指导的角度看，李老师以教师的身份介入游戏，告诉幼儿在游戏中应该做什么、不应该做什么，完全控制了幼儿游戏，就很可能破坏幼儿游戏，变成“游戏幼儿”，而不是“幼儿游戏”。

真题链接

简答题

影响幼儿游戏的个体因素主要有哪些?

答案解析

1. 性别差异。
2. 年龄差异。
3. 个性差异。
4. 健康和情绪等其他个体偶然因素的影响。

真题链接

选择题

认为“游戏是为未来生活做准备”的游戏理论是（　　）。

A. 生活准备说

B. 剩余精力说

C. 复演说

D. 松弛消遣说

答案

A

真题链接

简答题

简述幼儿游戏的基本特征。

答案解析

1. 幼儿游戏具有社会性。
2. 幼儿游戏具有假想性。
3. 幼儿游戏具有主动性。
4. 幼儿游戏具有趣味性。

参考阅读

幼儿园集体教学活动与游戏的区别与联系

幼儿园集体教学活动是全班一起进行的活动。这种活动的特点是集中性和统一性，即活动是全员参与的，并有统一的活动目标和活动要求。

游戏是幼儿最喜爱的活动，是幼儿生活的主要内容。对幼儿来说，游戏不仅是一种消遣，还是幼儿主要的学习方式。幼儿在游戏中的学习是一种自发的学习，具有学习目标是隐含的、学习方式是潜移默化的、学习的动力大多来自幼儿内部等特点。

集体教学活动与游戏的区别

1. 活动中的主体参与度不同

游戏中幼儿是游戏的主人，是活动的真正主体，幼儿可以自由支配、自主协商自己的活动，教师更多起到的是观察者和指导者的作用。而集体教学活动是在教师的引导与支持下所进行的教学活动，教师的参与支配程度相对更高。

2. 活动的形式不同

集体教学活动是在教师的引导下、全体幼儿在同一时间有目的、有计划地进行的活动，具有集中性和统一性的特征。而游戏中幼儿的活动是自主的，可以通过集体的形式进行，也可以以小组或个别的形式进行。

集体教学活动与游戏的联系

1. 教育目标一致

幼儿园里教育目标是一致的，集体教学活动与游戏均需围绕教学的目标进行，教师要通过支持、引导，使幼儿在游戏中获得愉快体验，与教学目标实现有机统一。教师既要熟悉游戏理论，了解幼儿身心发展水平、年龄特点、兴趣爱好，又要找到与之相适宜的教学活动，并与游戏结合在一起。

2. 两者互为补充

游戏是顺利开展集体教学活动的有效手段。和集体教学活动一样，游戏也能提升和巩固幼儿的知识经验。在“寓教学于游戏活动”的教育理念和课程游戏化的大背景下，幼儿园的游戏活动可以辅助集体教学活动，或者集体教学活动用游戏的方式来开展；也可以用游戏活动作为集体教学活动后的延伸，让游戏活动与集体教学活动有效衔接起来。

二、幼儿游戏的基本结构

系统是由相互作用、相互依赖的若干组成部分结合而成的，具有特定功能的有机整体。幼儿游戏可以看作一个系统。有系统就存在着结构，这里的结构是指游戏的构成要素，即游戏所有的成分。幼儿游戏的构成成分为游戏主题、游戏规则、游戏角色、游戏情节。设计游戏或指导幼儿游戏时需要十分清楚这四个成分。

（一）游戏主题

游戏主题即游戏的中心议题和主要内容，它是日常生活和社会活动在游戏过程中的具体反映。游戏主题并非社会生活事件的简单再现，而是幼儿创造性地加工、改造的产物。因此幼儿游戏主题具有反映的社会性、改造的灵活性和形成的复合性几个特点。例如，在“娃娃家”游戏中，“家庭生活”就是游戏主题，幼儿会围绕家庭中的各种活动，如做饭、照顾宝宝、接待客人等展开游戏。

（二）游戏规则

游戏规则是游戏活动中的规范，调节游戏主体的行为和互动关系。规则的功能在于固定游戏内容，规范游戏行为，规定游戏方向，从而保证游戏的组织性和稳定性。例如，在玩“老狼老狼几点了”的户外游戏时，游戏规则是“老狼”背对着其他幼儿问“几点了？”其他幼儿回答。当“老狼”说“天黑了”时，“老狼”就开始转身抓“小羊”，“小羊”们要赶紧跑回“羊圈”。如果被“老狼”抓到，“小羊”就被淘汰。这种规则让游戏既有趣又有序。

（三）游戏角色

游戏角色是游戏中幼儿扮演的人物或形象。在角色扮演过程中，幼儿凭借创造性想象，通过言语、表情、动作等方式扮演角色，表现出对角色及其关系的理解，进而认识角色所反映的社会本质及人际关系。例如，在“医院”游戏中，幼儿会分别扮演医生、护士、病人等角色。扮演医生的幼儿会模仿医生看病人时的样子，用听诊器为“病人”检查身体，询问病情；“护士”则会协助“医生”给“病人”打针、发药等。

（四）游戏情节

游戏情节是贯穿于游戏过程的富有故事性或艺术性的具体细节。大多数游戏主要依靠角色扮演展开游戏情节。情节使得游戏内容丰富的同时，也保证了游戏形式的多样化。例如，在“超市购物”游戏中，可能会出现这样的情节：“顾客”推着购物车进入超市挑选商品，然后到收银台结账，“收银员”扫码、收款、找零，突然，“顾客”发现买的牛奶快过期了，于是返回超市服务台，要求退换货，“服务员”为其进行处理等。

参考阅读

中班体育游戏“球王争霸”

主题

用脚抢球和护球。

规则

幼儿分成两队，一队有球，另一队没有球。音乐响起，没有球的幼儿去抢球，球被抢走的幼儿马上去抢对方队员的球。音乐停，抢球停止。

角色

抢球者、被抢球者。

情节

幼儿护球、抢球，看谁能当“球王”。

三、幼儿游戏的作用

游戏是幼儿的基本活动，它是一种符合幼儿身心发展要求的快乐而自主的活动。在游戏过程中，幼儿可以充分发挥主动性和创造性，从而促进幼儿全面健康发展。学前期就是游戏期，如果这时剥夺幼儿的游戏活动，会严重影响幼儿身心发展。

（一）游戏与幼儿生理发展

1. 游戏促进身体生长和发育

幼儿的骨骼、肌肉和神经系统发育迅速。在游戏中，幼儿与自然环境中的阳光、空气和水分充分接触，能增强机体对疾病的抵抗能力。此外，在游戏中，幼儿通过爬、走、跑、跳、钻等一系列动作，将中枢神经系统的机能状态调整到最佳水平，锻炼身体，促进生长发育。例如玩“丢手绢”“滚铁环”等游戏时，幼儿不断奔跑、追逐、躲闪、寻找平衡、协调肢体，这些都有益于幼儿的体能发展。

2. 游戏促进动作技能的发展

游戏中大量的动作练习使幼儿熟练掌握多种形式的运动技巧。幼儿时期是身体生长发育的关键时期，幼儿在游戏中蹦蹦跳跳，活动身体的各个器官。例如在体育游戏、音乐游戏和户外游戏中，大量的运动项目让幼儿进行全身运动或局部运动，锻炼了他们平衡、持久、协调等各方面的能力和运动技巧。室内游戏中建构区的搭积木、插积塑，美工区的涂涂画画、切切剪剪，益智区的拼图等，使幼儿小肌肉的协调性、灵活性和精确性得到锻炼，精细动作和技能得到发展。

3. 游戏促进大脑发展

游戏调动幼儿的多种感官协同运作。幼儿园通常会开展多项寓教于乐的游戏活动。如看书、下棋、唱歌、走迷宫、拼图等游戏，调动幼儿的多种感官参与。让幼儿用眼睛去看，用耳朵去听，用嘴巴去说，用手去做，用脑子去想，使幼儿的各项潜能在潜移默化中获得锻炼，大脑在此过程中受到的刺激增多，迅速发展。

（二）游戏与幼儿认知发展

随着年龄的增长，幼儿对周围的事物越接触越有兴趣。幼儿根据自己的兴趣与想象模仿和表现周围的人与物。游戏加深了幼儿对周围事物的认识，促进了幼儿之间的沟通和交流。例如通过玩滑梯、过家家、搭积木等游戏，幼儿在愉快的氛围中体验高低变换，体验人物身份的特点，感受球体与圆的区别，促进幼儿认知的发展。

1. 游戏促进幼儿语言的发展

幼儿游戏具有社会性的特点。在游戏中，幼儿之间、幼儿与教师之间、幼儿与材料之间需要互动，而这些互动大多是以语言交流为主要形式。游戏中幼儿之间交流，可以激发幼儿的表达欲望，为幼儿自由表达创造适宜的语言环境。比如大家一起玩什么游戏、谁和谁一组、谁违反了游戏规则、是否要换个新玩法，等等。对这些话题的商讨，促使幼儿之间出现较为频繁的交流。幼儿在游戏中倾听、理解他人言语，表达自己的意愿，学习最佳、最高效的表达方式。游戏，特别是语言游戏，本身就是幼儿学习语言的一条有效途径。因此游戏不仅使幼儿对语言理解深刻化，而且能发展幼儿语言的交际功能和调节功能。

2. 游戏促进幼儿创造力的发展

游戏活动对幼儿有很大的吸引力。幼儿容易记住在游戏中获得的技能、知识和情感，并创造性地解决各种问题。在游戏中，幼儿可以把自己想象成另一个人，将某个物体想象成另一个物体，这些都极大地促进了想象力的发展。游戏宽松的氛围提供了激励创造性思维的适宜气氛，这种活跃的氛围，就像“脑力激荡”一样激发幼儿的创造力。例如结构游戏中幼儿搭建的各种物体本身就是创造潜能的表现。

3. 游戏促进幼儿智力发展

游戏中问题的解决或新颖的联想，能够改善或优化幼儿的智力结构，使智力转化为一种认识策略和机制。游戏过程中，对现实生活的“反映过程”实质上就是一种智力活动。幼儿对周围的一切充满好奇，他们好动、爱模仿，渴望参加成人的社会实践活动。游戏正是根据幼儿的这一特点，在宽松自由的环境中发展幼儿的智力。如幼儿在绘画、唱歌、跳舞等游戏中，体会、学习和模仿，充分发挥自身的创造力和想象力，在愉快的游戏中获得知识与技能。另外，智力游戏本身就是幼儿智力发展的一种有效手段。各种游戏从各个方面激发幼儿的好奇心，使幼儿通过游戏高效地学习。

（三）游戏与幼儿社会性发展

多种多样的游戏活动可以使幼儿在轻松、愉快的活动中与同伴和老师接触、交往，在同说同笑同乐中体会与人合作的重要，体验人与人之间交往的乐趣。

幼儿园实景

小班“汇声·绘色”游戏时光

1. 游戏促进幼儿性别社会性发展

在游戏中，幼儿性别角色已经开始分化。例如，幼儿在游戏中扮演爸爸、妈妈，学习不同性别的角色行为。女孩喜欢扮演“娃娃家”中的妈妈，男孩则不愿意扮演“娃娃家”中的妈妈。

2. 游戏促进幼儿情感社会性发展

情感社会性发展表现为去自我中心、亲社会行为等。幼儿期心理发展的任务之一是去自我中心。幼儿需要知道自己与别人不同，学会从他人的角度看问题，理解他人的情绪感受，才能融入社会，实现社会性发展。游戏是帮助幼儿克服“自我中心”的重要途径。在游戏中，幼儿发现自己与别人的不同，逐渐改变自己看问题的角度，继而克服“自我中心”。比如一个总是攻击别人的幼儿，在游戏中扮演受害者的角色，体会被人欺负的伤心和难过，学会从被欺负者的角度看问题，因而减少攻击行为，表现出合作、同情、分享、帮助、安慰等的亲社会行为。在照顾“幼小娃娃”及“病人”的过程中，幼儿学会安慰和帮助，当同伴遇到困难时，表现出对他人的关心；通过“拔萝卜”的表演游戏，幼儿体验相互帮助、众人合作的重要性；在户外游戏“老鹰捉小鸡”中，扮演“鸡妈妈”的幼儿要有责任感，保护好“鸡宝宝”不被“老鹰”抓走；在“捉迷藏”“跳绳”等游戏中，幼儿在互动中学会分享、沟通和协商，提高与人合作的能力……幼儿期的道德感大多是模仿成人、在成人的评价影响下慢慢发展起来的。游戏中榜样的作用和成人的鼓励与表扬使幼儿的道德情感得到进一步发展。

幼儿园情景再现

交通事故

角色游戏开始了，祥祥和秀秀今天是公交车司机，只见他们开心地开着公交车，来来往往。突然，秀秀飞快地跑出来，把祥祥狠狠地撞倒在地，祥祥大声地哭了起来。教师问祥祥：“怎么了？”祥祥边哭边说：“秀秀刚才把我撞倒了。”看到整个过程的教师故意说：“啊，是出车祸了呀！那可不得了，你一定受伤了，很痛吧？快！快让我送你到医院里去检查一下。秀秀快来帮忙呀。”之后秀秀和教师一起扶着祥祥慢慢地来到了“娃娃医院”，“医生，快给他检查一下，他刚才出车祸了，秀秀把车开得太快，把祥祥撞倒了。”于是，医生乐乐就让祥祥躺在床上，像模像样地检查了起来，并不停地责怪秀秀：“你呀，一点也不懂事，为什么把车开得那么快？祥祥的腿都断了！”说着用手抬了抬祥祥的腿，“不行，要住院开刀。以后你开车可要慢一点，记住了吗？”秀秀在旁边不住地点头，说：“我下次一定注意，慢一点开。”

3. 游戏促进幼儿文化意识社会性发展

游戏反映社会生活。大众所遵循的秩序、纪律及文化传统体现在游戏中，深深地影响着幼儿。例如幼儿可以从玩“红绿灯”游戏中学习交通规则；从表演游戏中学习爱国、爱集体的品德；在“娃娃家”中煮饺子、请客人喝茶，学习中国传统文化。多种多样的游戏活动，能促进幼儿文化意识的社会性发展。图1-1为幼儿园“投五毒”游戏。

幼儿园实景

我们的节日：
跃动端午·体验非遗

图1-1　端午节“投五毒”游戏

（四）游戏与幼儿人格发展

1. 游戏是幼儿自我意识产生和发展的重要途径和方法

幼儿游戏是一种自主自愿的活动。幼儿在游戏时根据自己意愿、体力和能力，自由选择活动，自主表达思想感情，按自己的意愿发挥想象力，因而幼儿在游戏中感到轻松愉快，获得自我力量，产生积极的自我认同，形成积极的自我评价。游戏中遇到的挫折并不是具有现实意义的挫折，而是幼儿学习应对挫折的机会。在游戏中幼儿学会应对挫折和压力的正确方法，增强自信心和自尊心。

幼儿园实景

幼儿园的冬日趣事

游戏使幼儿的自我情感与社会现实整合。在与同伴一次次游戏当中，在一次次游戏结束后的自评与他评当中，幼儿学习如何理智对待外界事物，逐步把自我评价与社会评价统一起来，从而形成并掌握合理的评价方法和评价标准。

2. 游戏可以促进幼儿人格和谐，保证幼儿心理健康

游戏有利于幼儿积极情感的发展，有利于疏导消极情绪，使幼儿产生愉快、高兴、满足、兴奋、放松等积极的情绪情感，帮助幼儿转移宣泄忧愁、伤心、怨恨、紧张、愤怒、恐惧、沮丧、急躁等消极情绪。

在生活中，幼儿受外界各种因素的影响，难免会产生一些消极情绪，如果处理不当，会影响身心健康发展。游戏是幼儿松弛紧张情绪、宣泄消极情绪的有效方式和途径。玩游戏可以转移幼儿对不良情绪的注意，暂时摆脱消极情绪的干扰，同时宣泄和释放负面情绪。比如在医院里幼儿被迫接受打针，在之后的角色游戏“医生与病人”中，幼儿扮演医生，给别人打针，发泄对医生和针头的恐惧；比如为死去的宠物开展“葬礼”的游戏，也可以让幼儿宣泄内心的悲伤。

3. 游戏有利于培养幼儿良好的意志品质

在游戏中幼儿可以克服平常不能克服的困难，坚持完成自己的游戏角色。比如幼儿玩扮演解放军的角色游戏，为模仿站军姿可以一动不动站上二十分钟。

再如，以“搭建城堡”的建构游戏为例，在搭建城堡时，幼儿需要搬运、堆叠大量积木，在这个过程中，积木可能频繁倒塌，如刚开始搭建城墙时，幼儿稍不小心就前功尽弃。但他们没有放弃，一次次重新再来，在不断尝试中调整积木摆放位置和角度，努力克服困难。搭建城堡并非一人能完成，幼儿还要和小伙伴分工协作，有人负责找积木，有人负责搭建，有人负责设计。在这个过程里，他们学会遵守共同商量好的搭建规则，耐心倾听他人的意见，良好的意志品质在游戏中悄然养成。

4. 游戏有利于幼儿形成良好的性格

游戏中同伴们平等交往，性格良好的幼儿更受大家的欢迎。如果性格不好，则会失去伙伴。在互动游戏中，幼儿强烈想加入游戏群体。因此幼儿游戏有助于幼儿学习如何与人交往，克服自身不良习惯，提高社会适应能力。以角色扮演游戏“小小餐厅”为

例，在游戏中，“服务员”能够准确无误地为“顾客”上菜，得到“顾客”的夸赞，或是“厨师”精心烹饪出美味菜肴，被大家认可，他们会获得极大的成就感。这种积极的反馈能让幼儿相信自己的能力，从而在面对新的挑战时，更有勇气去尝试，自信心也在一次次的肯定中不断增强。

可见，游戏是幼儿生活中必不可少的一项活动，是幼儿创造性的源泉，是幼儿身心健康发展的保障。游戏有助于实现幼儿的全面和谐发展。

真题链接

选择题

幼儿园教育应以（　　）。

A. 日常生活为基本活动

B. 游戏为基本活动

C. 同伴交往为基本活动

D. 教学为基本活动

（2024 年下半年国家教师资格考试《保教知识与能力》真题）

答案

B

真题链接

材料分析

几个幼儿正在玩游戏，他们把竹片连接起来，想让乒乓球从一头开始沿竹槽滚动，落在一定距离外的竹筒里。游戏过程中，他们遇到了很多困难：如球从竹片间掉落（见图 1）；竹片连成的“桥”太陡，球怎么也落不到竹筒里（见图 2）……他们通过不断努力，终于让球落到了竹筒里。

> **知识链接**
> 角色游戏中幼儿人格的自主发展

图 1

图 2

问题

幼儿可以从上述活动中获得哪些经验？请结合材料进行分析说明。

（2019 年下半年国家教师资格考试《保教知识与能力》真题）

答案解析

从上述活动中幼儿可以获得以下经验：

1. 幼儿的身体动作会得到发展。游戏能够促进幼儿手眼协调能力以及身体协调性的发展。例如，材料中幼儿将竹片连成“桥”，可以锻炼幼儿的手眼协调能力。

2. 幼儿的认知能力会得到发展。游戏可以促进幼儿的空间知觉、解决问题等能力的发展。例如，材料中幼儿在遇到球不能落到竹筒里时，自己想办法解决问题，可以提高幼儿动手动脑解决问题的能力。

3. 幼儿会得到社会性发展。幼儿在游戏中与人合作能力、协调能力都会得到发展。例如，材料中的幼儿一起克服困难把竹片连成“桥”，让球落到竹筒里。

4. 游戏有助于幼儿人格和谐，保证幼儿的心理健康。在游戏中，幼儿能够获得自信心，并获得愉悦的体验。例如，材料中幼儿克服困难，从而获得愉悦的体验，并获得满足感。

真题链接

材料分析

教师为幼儿制作了一个玩具灶（如下图），投放了羽毛、棉花、小木棒、乒乓球等不同材质的物品和扇子，让幼儿猜测哪些物品能被风吹起来，并进行验证。

小牛猜想羽毛和棉花能飞起来，就开始扇风，结果发现它们确实能飞起来。他使的劲儿大了，发现乒乓球也能飞起来。一直旁观的小霜惊讶地说：“原来用劲儿扇，乒乓球也能飞起来呀！”

问题

游戏中小牛、小霜都在学习吗？请分析说明理由。

（2021 年上半年国家教师资格考试《保教知识与能力》真题）

答案解析

小牛和小霜都在学习。

游戏是幼儿的基本活动和权利，是幼儿喜爱的活动，是一种主动、自愿、愉快、假想的社会性活动，是幼儿获得知识的最有效的手段。

小牛通过自己的探索和操作，知道羽毛、棉花甚至乒乓球都能被风吹起来。小霜通过观察学习间接地知道了羽毛、棉花甚至乒乓球都能被风吹起来。

参考阅读

大班音乐游戏“国粹京剧坊”

观察要点

1. 观察幼儿能否自愿、主动地参与京剧表演。

2. 观察幼儿能否用合适的动作、力度与表情表现剧中的人物。

3. 观察当观众的幼儿能否在歌曲的最后喊“好”，以及与当京剧小演员的同伴的互动情况。

游戏准备

1. 经验准备：幼儿欣赏过相关京剧表演的视频，学过歌曲《戏说脸谱》。

2. 材料准备：歌曲《戏说脸谱》，鼓、锣等乐器，水袖、白色硬纸板、订书机、松紧带、铁丝、毛线、方便面碗、京剧演员的剧照、京剧表演视频。

3. 资源利用：请家长协助提供妈妈的旧长裙、爸爸的旧T恤，与幼儿一起把画好的脸谱贴在T恤上，或直接在T恤上画京剧脸谱。

4. 环境创设：在音乐区张贴京剧脸谱、京剧服饰等图片让幼儿欣赏，创设富有京剧文化气息的环境。

指导建议

（一）游戏开展前

1. 经常在生活活动时间播放歌曲《戏说脸谱》，使幼儿熟悉并学会演唱。

2. 组织幼儿在白色硬纸板上画京剧脸谱并剪下，协助幼儿用订书机订上松紧带，制成蓝脸、红脸、花脸、白脸、黑脸等京剧脸谱。

3. 指导幼儿用铁丝、毛线制作胡须，用方便面碗制作京剧盔帽。

4. 指导幼儿自己化妆，女生穿上妈妈的旧长裙，套上水袖；男生戴上胡须、京剧盔帽，穿上贴有京剧脸谱的旧T恤或戴上自制的脸谱。

5. 教师以故事形式介绍歌曲《戏说脸谱》中的人物，加深幼儿印象，帮助幼儿更好地理解和把握歌曲中的人物性格形象，为更好地演唱做好铺垫：蓝脸的窦尔敦深夜悄悄偷走皇帝的御马，演唱时要轻一些；红脸的关公在战场上杀敌英勇无比，演唱时声音要有力度；白脸的曹操精明、奸诈，演唱时要做出狡猾、奸诈的表情；黑脸的张飞，侠肝义胆，脾气暴躁，发脾气时“喳喳”乱叫，演唱时声音要响亮。

（二）游戏过程中

1. 指导幼儿大胆想象自己所戴的脸谱所能表现的动作，模仿京剧演员剧照上的造型，几人一组自创唱腔。

2. 引导幼儿根据自己的爱好和特长，自主探索用合适的力度、动作与神情演唱歌曲。女生以柔为主，动作上多兰花指、绕腕、水袖功；男生以刚为主，动作上多手臂、手掌的造型。要及时地鼓励和肯定幼儿，让他们不断地在获得教师和同伴的肯定中体验成功的喜悦和自豪。

3. 启发幼儿大胆模仿和学习歌曲最后一句“啊——”的唱腔，体验带着“拐弯”演唱的感觉。感受叫“喳喳”的张飞的夸张形象，激发幼儿的想象力、创造力和表达能力。

4. 引导幼儿自愿主动地参与，感受京剧的魅力，更深入地了解京剧中的脸谱、服饰、唱腔。

（三）游戏推进策略

1. 提供材料，鼓励幼儿自己动手制作京剧行头，如金箍棒、大刀、彩旗等，并投放到音乐区中用于京剧表演。

2. 引导幼儿欣赏京剧表演视频，观察剧中人物的服饰、动作、表情、唱腔，倾听锣鼓点，尝试模仿锣鼓的节奏，表演时能随乐曲哼唱锣鼓点，进一步感受、欣赏京剧特点。

3. 师幼共同创设京剧小舞台，鼓励幼儿通过角色分工，扮演不同的角色进行游戏，体验京剧表演的乐趣，培养幼儿热爱传统文化的情感。例如，京剧小演员在舞台上表演学过的《戏说脸谱》京剧动作；京剧小票友欣赏同伴的表演，在不同的角色体验中感受京剧艺术的魅力，在演出结束时拖长腔喊“好——”；京剧伴奏师利用鼓、锣为同伴的表演伴奏，展示自己的特长。

资料来源：“福建省幼儿园教师教育用书”编写委员会．领域活动指导：大班上册．福州：福建人民出版社，2017.

第二节 幼儿游戏的分类

将幼儿游戏进行分类可以更好地研究游戏。人们研究角度不同，对游戏的认识和理解也不同。依据不同的分类标准，游戏有不同的分类方法。在诸多的游戏分类中，典型分类主要有以下几种。

一、从认识发展的角度分类

该游戏分类标准的理论基础是皮亚杰的认知发展理论。游戏是认知发展理论的重要组成部分。皮亚杰认为不同的认知发展水平的幼儿会出现不同类型的游戏。

（一）感觉运动游戏

感觉运动游戏也叫机能性游戏、练习性游戏、实践性游戏。这类游戏主要由简单的重复动作或运动组成。例如摇铃、拍水、滚球、滑滑梯等。感觉运动游戏随适宜刺激的出现和消失而产生和停止，一般持续时间较短。这种游戏的动因在于感觉运动器官在运动过程中所获得的快感，是感觉运动器官对适宜刺激的机能性需要得到满足的结果。它是最早出现的一种幼儿游戏形式，是幼儿对新习得的动作的练习。幼儿的感觉运动游戏促进其感知觉器官和运动系统的发展、成熟，促进以感知觉和实际动作为基础的感知行动性思维的发展。

依据皮亚杰的认知发展理论，0～2 岁的幼儿处于感知运动阶段。此时幼儿的游戏是感觉运动游戏。2 岁以后幼儿游戏中感觉运动游戏的比例逐步下降，到 6 岁时，只占全部游戏的 14%左右。也就是说，虽然简单重复动作的感觉运动游戏（例如滑滑梯等）深受幼儿的喜爱，但在 3～6 岁的幼儿期，已不再是幼儿玩的主要游戏。到了成人阶段，感觉运动游戏虽说不会消失，但在成人所有游戏中所占比例大大减少。

（二）象征性游戏

象征性游戏也叫符号游戏。依据皮亚杰的认知发展理论，2～6 岁的幼儿处于认知发展的前运算阶段。象征性游戏是这个时期典型的游戏形式。象征性游戏是幼儿以模仿和想象扮演角色，完全通过以物代物、以人代人为表现形式，反映周围现实生活的游戏。情景转变、以物代物、以人代人是象征性游戏的基本构成要素。一般地讲，情景转变可作为象征性游戏发生的标志。实际上情景转变也是以物代物、以人代人得以进行的前提。

1. 角色游戏

角色游戏是象征性游戏的典型表现形式。通过角色游戏，幼儿可以脱离当前对实物实景的知觉，以物代物，以人代人，并学会用语言符号进行思维。角色游戏的水平体现着幼儿认知发展的水平。

角色游戏从 2 岁开始大量出现，高峰期在 3 岁，直到 6 岁以后才大量减少。幼儿越适应自然和社会世界，就越少迷恋于象征的歪曲和转换。当幼儿意识到自我要逐渐服从于现实，而不是使外部世界服从于自我时，角色游戏就开始逐渐减少。

2. 结构游戏

结构游戏是幼儿利用各种不同的结构材料（积木、积塑、泥、沙、雪等）来构建反映现实生活中物体的活动。如搭积木、插积塑、泥工、折纸、堆雪人、玩沙、玩泥等。图 1－2 所示为幼儿正在开展结构游戏。它是游戏活动向非游戏活动的过渡，前期带有象征性，后期逐渐成为一种智力活动。它出现的年龄和角色游戏一样为 2～6 岁。它既有感觉运动游戏的重复动作，又有象征性游戏的丰富想象，还有规则游戏的建构规则，因此，可以看作是一种特殊的象征性游戏。结构游戏是我国幼儿园中常见的游戏，占 3～4 岁幼儿全部活动的 40%，5～6 岁幼儿的 51%。

幼儿园实景

“汇声·绘色”游戏时光：汽车服务中心

图 1－2　幼儿开展结构游戏

幼儿在结构游戏中创造性地使用语言和想象。幼儿经常在搭建好物体后，直接利用建成品进行角色扮演，如幼儿用积木搭好“宫殿”后直接就扮演起“公主”和“王子”。

在幼儿园的实际生活中，我们发现同属象征性游戏，角色游戏似乎比结构游戏出现得更早一些。这是因为结构游戏除需要一定的象征能力外，还需要一定的精细肌肉的协调，需要幼儿学习一定的构建技巧。角色游戏与结构游戏在学前幼儿个体身心发展过程中，既交叉又融合。象征性是幼儿阶段游戏的典型特征。

（三）规则性游戏

依据皮亚杰的认知发展理论，规则性游戏的大量出现是在学前末期。当然在幼儿早期，幼儿也常常会玩一些简单的规则性游戏，如“猫捉老鼠”“老鹰捉小鸡”等。规则性游戏是一种由两人以上参加的，按游戏规则判胜负的竞赛性游戏，包括智力性质的竞赛（如下棋）、运动技巧方面的游戏等。幼儿在游戏中认识、理解并遵守规则。幼儿的认知发展到具体运算阶段后，可以不用借助具体实物的支持进行运算，思维水平大大提高，具备了内化、可逆、守恒、整体的特点，幼儿可以玩有难度的竞赛性游戏。幼儿在规则性游戏的发展中，规则理解的认知水平和规则遵守的行为水平随年龄的增长而提升。

幼儿园实景

“汇声・绘色”游戏时光：旗山湖之旅

根据皮亚杰认知发展理论划分的游戏，体现了游戏与心理发展的相互作用。幼儿各年龄阶段出现不同性质游戏的原因在于其心智水平的不同，而同时游戏也促进了幼儿的心理发展。

真题链接

选择题

幼儿最早玩的游戏类型是（　　）。

A. 练习性游戏　　B. 规则性游戏

C. 象征性游戏　　D. 建构游戏

答案

A

真题链接

选择题

幼儿反复敲打桌子，在房间里跑来跑去，在椅子上摇来摇去，这类游戏属于（　　）。

A. 结构游戏　　B. 象征性游戏

C. 规则性游戏　　D. 机能性游戏

答案

D

二、从游戏社会性的角度分类

社会性发展是幼儿心理发展的重要方面。美国心理学家帕顿根据幼儿在游戏中的社会交往水平，将游戏划分为六种交往水平，并依此将游戏划分为六类。

（一）偶然的行为

幼儿行为缺乏目的性，注意的是碰巧遇到的能引起他们兴趣的事情。他们无所事事，独自发呆，或玩弄衣服，或东游西荡，只是偶尔注意看看他人，或碰到什么东西随手玩弄两下。他们常常玩自己的肢体，在椅子上爬来爬去，到处晃悠，跟随老师走来走去；即使坐在固定的位子上，目光也常常漂移。这些行为严格来说还不是游戏。

（二）袖手旁观的行为

幼儿在近处观看同伴的活动，但不主动参与活动。他们大部分时间是在看他人游戏，偶尔会与他人交谈，甚至会提出建议或问题，但是不介入他人的游戏。与前一种行为相比，幼儿注意到了游戏，但没有参与到游戏中，也还不能算是游戏。

（三）单独的游戏

幼儿专心地独自玩自己的玩具，不注意也不关心别人的存在。处于单独游戏中的幼儿常常在伙伴旁边玩，但玩的内容材料不同。他们专注地玩自己的游戏，不和旁边的幼儿交流。学步期前后的幼儿通常以这种方式进行游戏。该阶段幼儿的游戏以自我为中心，还没有表现出明显的社会性特征。例如，在幼儿园的图书角，一名幼儿独自坐在角落，拿着一本绘本，自己翻看，嘴里还不时小声地说着什么，完全沉浸在自己的阅读世界里。

（四）平行游戏

3 岁左右的幼儿相互之间可能会玩相同的玩具、相似的游戏，有相互模仿的现象，也会有少量的交谈，但他们仍是在独自游戏，相互间没有合作。一个幼儿离开，并不影响另一个幼儿。幼儿与伙伴就好像是两条平行线，双方可以看到对方，但并无交集。他们能察觉到其他幼儿的存在，幼儿之间会相互模仿，形成了初步的玩伴关系。例如，在建构区，几名幼儿都在玩积木，他们各自选择积木搭建自己的作品，有的搭房子，有的搭汽车，彼此之间没有语言交流和合作行为，但会偶尔看一眼旁边幼儿的作品，然后继续自己的搭建。

（五）联合游戏

4 岁以后，幼儿会留心别人的游戏，会互借玩具，有时会加入对方的游戏中，并且相互交谈，但没有建立一致的目标；有动作的自发配合，但是彼此之间没有明确的分工和合作；幼儿对活动的目的和结果没有共同计划和组织，也没有一个真正的组织者或领导者。例如大家一起玩雪花片，虽然会互相提建议，但仍是自己完成自己的作品。幼儿在联合游戏中开始表现出明显的社交行为，但每个幼儿在游戏中仍以自己的兴趣为中心。

（六）合作游戏

这种游戏的特点是有共同的主题，有分工合作，有计划组织。5 岁以后的幼儿开始出现较多的合作游戏，它是社会性程度最高的游戏。5 岁以后的幼儿已有较丰富的社会交往经验、较好的语言表达能力，有了集体活动的共同目标。他们可以一起商讨，确定游戏的主题，进行角色的分配和材料的选择，以集体共同的目标为中心，有组织、有分工地共同合作完成一个目标。例如：大家一起玩雪花片，共同插建一个小公园，甲插小桥，乙插小花，丙插树……大家组合在一起就成为一个小公园。

以上六种行为中，真正属于游戏行为的只有后四种。这种分类是以幼儿在游戏中社会交往和有意性的发展程度为标准进行的，体现出游戏与社会性发展之间的相互作用。幼儿在各年龄阶段出现不同性质游戏的原因在于其社会性程度的不同，游戏能够促进幼儿的社会性发展。

幼儿园情景再现

三个小朋友的合作

秀秀、峰峰和祥祥三个小朋友一起坐在了野餐垫上，祥祥起身从食物架上拿了福袋、豆腐、鱼饼等食物，还拿了一个小锅，把食物都放在了锅里，然后放在了野餐垫上。他又去拿了一个洗东西的水槽，也放在了野餐垫上，然后脱了鞋子坐在野餐垫上。秀秀坐在祥祥旁边说："我们一起来玩吧，你洗菜，我来煮。"祥祥拿了一个食物放在水槽中，伸手扭动了一下水龙头，开始洗。峰峰伸手说："我帮你一起洗。"洗了一会儿，峰峰说："洗完啦！"他伸手去水龙头处做了一个关水龙头的动作。祥祥说："这里还有食物还没有洗"，说完伸手做了一个开水龙头的动作，继续洗食物。

真题链接

选择题

梅梅和芳芳在玩娃娃家，俊俊走过来说："我想吃点东西。"芳芳说："我们正忙呢。"俊俊说："我来当爸爸炒点菜吧。"芳芳看了看梅梅，说："好吧，你来吧。"从俊俊的社会性发展来看，下列哪一选项最贴近他的最近发展区？（　　）

A. 能够找到一个自己喜欢的玩伴

B. 开始使用一定的策略成功加入游戏小组

C. 在 4～5 名幼儿的角色游戏中进行合作性互动

D. 能够在角色游戏中讨论扮演的角色行为

（2019 年下半年国家教师资格考试《保教知识与能力》真题）

答案

D

真题链接

选择题

当教师以“病人”身份进入小班“医院”时，有六位“小医生”同时上来询问病情，每个“小医生”都积极地为教师看病、打针，忙得不亦乐乎。结果教师一共被打了六针。对小班幼儿这种游戏行为最恰当的理解是（　　）。

A. 过于重视教师的身份

B. 角色游戏呈现合作游戏的特点

C. 在游戏角色的定位中出现混乱

D. 角色游戏呈现平行游戏的特点

答案

D

答案解析

题干中的幼儿都在玩相同或者相近的游戏材料，但是都是自己一个人玩，互相模仿，既没有合作也没有计划，更没有交流，因此是平行游戏。

三、我国对幼儿游戏的分类

在我国通常采用如图 1-3 所示的游戏分类方法，将游戏分为两类：一类规则比较隐蔽，是创造性游戏，包括角色游戏、结构游戏、表演游戏；另一类有明显的、公开的规则，包括智力游戏、体育游戏、音乐游戏。

- 游戏
  - 创造性游戏
    - 角色游戏
    - 结构游戏
    - 表演游戏
  - 规则性游戏
    - 智力游戏
    - 体育游戏
    - 音乐游戏

图 1-3　幼儿游戏分类

我国幼教界在学习和借鉴国外游戏理论的基础上，在实践中形成我国幼儿园实用的游戏分类标准。这种分类标准是长期幼儿教育实践和经验的总结。此分类标准并不完善，各种游戏之间存在不同程度的重合或交叉。依此标准分出的游戏只是一种相对独立的游戏类型，并非严格意义上的并列关系。例如，角色游戏几乎可以渗透到任何一种游戏中；几乎任何一种游戏都在不同程度上包括了智力的因素或成分。这一分类方法已经约定俗成，对于一线幼儿园教师而言，这种分类方法从名称上就可以分辨出游戏内容，工作中易于运用。本书就按此分类标准对游戏进行分类。

（一）创造性游戏与规则性游戏的区别

（1）从游戏规则的角度来看，创造性游戏其自由玩耍的、不强调结果的意思与英文“play”意思相似，规则性游戏其有组织的、有对抗性的意思与英文“game”相似。创造性游戏的规则对游戏活动的制约是内隐式的，幼儿在游戏中自由度较大，自由创造的余地很大。规则性游戏的规则是外显的，规则对游戏活动的制约是公开式的，幼儿按游戏规则开展游戏活动，自由创造的余地较小，但并不排除创造性的存在，只是创造性的表现方式发生变化。例如，创造性游戏娃娃家里的“妈妈”可以自由设定是否需要为“宝宝”打针，打了针，也可以认为“刚才不算，重来一次”；而在下棋这一规则性游戏中，如果多次悔棋，游戏就无法进行下去。

（2）从幼儿人格发展来看，幼儿在规则性游戏中是模仿别人，没有自己明确的性格。而创造性游戏中幼儿完全依靠自己的经验和想象，自己特有的性格在游戏中显现出来。

（3）从创造性来看，创造性游戏强调鼓励幼儿游戏的自主性和创造性；而规则性游戏则强调幼儿在游戏过程中遵守规则，幼儿有目的、有步骤地开展游戏活动。

（二）创造性游戏与规则性游戏的联系

知识链接

古代儿童的游戏世界

创造性游戏和规则性游戏都属于幼儿游戏，因此都具有幼儿游戏的特征。在幼儿游戏中，创造性游戏也要遵守一定的游戏规则，而规则性游戏也允许甚至鼓励创造性活动存在。

1. 都是幼儿自愿发起的活动

幼儿最先出现的游戏创造了许多看不见的、想象中的伙伴，并把这些伙伴作为玩耍的对象。一个幼儿可以扮演妈妈、老师、警察等角色。游戏的乐趣在于模仿他人、扮演他人。随着年龄的增长和社会性的发展，幼儿对游戏的兴趣在于与同伴的互动中体验游戏的快乐。对于幼儿来说，创造性游戏和规则性游戏都让他们感到开心、好玩，并愿意参与游戏。

2. 活动的主体都是幼儿

在两种游戏中玩什么、怎么玩、需要什么材料、在什么地点、和哪些人玩等都是由幼儿自己决定的。幼儿在游戏中充分体验游戏带来的愉快和乐趣，全身心地投入游戏中，始终处于积极、主动的活动状态，这正是游戏的魅力所在。

3. 都对幼儿的发展起到促进作用

创造性游戏和规则性游戏都不是杂乱无章的。在幼儿游戏的世界里，它们都是有序的。游戏一旦结束，幼儿立即回到现实世界。幼儿在游戏里是主人，可以有着极大的灵活性，可以随时随地“超越时空”。游戏成为幼儿的主要活动。幼儿在游戏中不断进行的言语沟通、获得与运用知识和经验、活动头脑与身体各个部位、为完成游戏而努力和自我克制、体验成功与集体团结的快乐等，均促进了幼儿各方面的发展。

参考阅读

幼儿园游戏的两种组织方式与三种游戏类型

福建师范大学丁海东教授提出了划分幼儿游戏的新思路。他认为幼儿园游戏活动有两种组织方式。一种是集中教学活动当中的手段性游戏，此时游戏是实现集体教学目标的手段或工具。真正的游戏必须是自主的、愉快的、假想性的社会活动。所以手段性游戏不是真正意义上的游戏，它是教学工具，是我们常说的游戏教学法。它着重游戏中的学习，强调游戏中教师要恰当、适宜地支持和引导幼儿学习。另一种则是幼儿自主活动背景之下的本体游戏，也叫自选游戏。此时，游戏是幼儿自发的、自愿的、自己选择玩什么？怎么玩？和谁玩？

幼儿自选游戏可分为三种类型：自发性游戏、探索性游戏、有规则游戏。其中自发性游戏是一种幼儿不用教师教而自发进行的游戏。自发性游戏给予幼儿最重要的价值就是愉悦的精神体验。自发性游戏中，幼儿的情感体验更饱满，想象成分更高，感性冲动更能够得到满足和释放，幼儿在游戏中自发进行学习。第二种是探索性游戏。探索性游戏是认知参与比例较高的游戏，认知性、理性成分较高。探索性游戏的两个关键因素是问题导引和情景支持。教师在游戏中发起学习，支持幼儿游戏，对游戏运行起着重要作用。幼儿在活动过程中遇到问题，然后寻求解决。第三种是有规则游戏。这种游戏有固定的规则和设计好的玩法，依据一定的要求而开展。规则是该类游戏最核心的要素，没有规则该类游戏便不存在。有规则游戏包含竞争与合作两个部分。它常常需要有两个以上的人一起玩，并且具有竞争性的输或赢的结果，幼儿的体验主要聚焦于一种游戏玩法和竞争性结果的反复联系。这种游戏常常是一种民间相传的经典游戏，也可以是经教师编制和设计过规则或玩法的游戏。

自发性游戏、探索性游戏是个性化的、难以复制的，但规则性游戏可以复制。一个幼儿园玩过这个游戏，另外一个幼儿园知道玩法后，园里的幼儿也可以玩。它可以从上一代人传到下一代人，从南方传到北方，这也就是为什么我们现在常看见的传统的民间游戏都是规则性游戏。规则和自主并不矛盾。自主是一个情景，规则是一个要素。幼儿可以在自主活动背景下选择规则性游戏，达到规则和自主的高度统一。

真题链接

选择题

下列玩具不是从功能角度分类的是（　　）。

A. 运动性玩具　　B. 建构玩具

C. 益智玩具　　D. 传统玩具

答案

D

真题链接

选择题

幼儿赛跑、下棋一般属于（　　）。

A. 表演游戏　　B. 建构游戏

C. 角色游戏　　D. 规则游戏

（2020 年下半年国家教师资格考试《保教知识与能力》真题）

答案

D

真题链接

选择题

下列关于自发性游戏的正确观点是（　　）。

A. 幼儿园游戏不包括自发性游戏

B. 自发性游戏不需要教师指导

C. 教师组织的游戏比自发性游戏有价值

D. 自发性游戏具有多种教育价值

（2022 年上半年国家教师资格考试《保教知识与能力》真题）

答案

D

参考阅读

教学游戏

幼儿园教学与游戏在一定条件下互为生成，即教学游戏化和游戏教学化。教学游戏实际上是游戏教学法。它的基本特点是寓教学于游戏之中。此时游戏的主要目的是完成教学目的，是游戏用于教学的一种体现。由于教学游戏有明显的规则和教育的目的，符合规则性游戏的定义，因此教学游戏属于规则性游戏。

我国游戏分为规则性游戏和创造性游戏两大类。规则性游戏分为智力游戏、体育游戏、音乐游戏。创造性游戏分为角色游戏、结构游戏、表演游戏。6 种游戏类型之间存有不同程度的重合或交叉。比如角色游戏几乎可以渗透入任何一种游戏中，构成一种辅助性的游戏；任何一种游戏都在不同程度上包含了智力的因素和成分。

教学游戏是工具性游戏。游戏是教育活动的手段。教学游戏的目的并不在于游戏本身，而是在于通过幼儿游戏促进教育教学活动的有效进行。音乐游戏、体育游戏、智力游戏，如果用到教学活动中，成为教师教学的一种手段，这时就成为教学游戏。

教学游戏属于规则性游戏，规则性游戏不一定都是教学游戏。因为某些规则性游戏是幼儿自发自主进行的。此时幼儿更在乎的是游戏本身，而不是游戏背后的教育意义。

第三节　幼儿游戏的指导原则

幼儿游戏是否需要指导，曾经有过争论。

20 世纪 60 年代以前，西方学者普遍认为幼儿游戏不需要指导，教师只要创造一个无负担和安全的氛围，幼儿就可以在游戏中真实地宣泄自我情感，得到切实的发展。幼儿游戏时，教师只需要在一旁观察记录即可，不要干扰幼儿的活动。

近年来，随着研究的深入，越来越多的研究者认为：游戏是幼儿的天性，是幼儿自然自发的活动。幼儿园是专业的教育机构，教师的指导可以使幼儿游戏实现价值最大化。游戏既要满足幼儿的需求，又要服务于教育的目的。教师应该成为幼儿游戏的支持者、合作者和引导者。教师应该在不破坏幼儿游戏本质的前提下，最大程度地实现幼儿游戏的教育功能。要想把握这个度，教师应该遵循幼儿游戏的指导原则。

一、安全性原则

幼儿园必须把保护幼儿的生命安全、健康成长放在工作首位。幼儿年龄小、生活经验少，在游戏中常常忘乎所以，难以自控，随时可能发生危险。教师在幼儿游戏时要注意观察，杜绝各种危险发生。

（一）游戏前的安全

游戏开始前，教师要检查游戏材料、游戏场地、游戏时幼儿服装，确保安全。例如，在开展户外体育游戏前，教师要仔细检查场地是否有坑洼、杂物，运动器械是否牢固、有无损坏。

幼儿的游戏离不开游戏材料，假若材料存在质量问题，就很有可能对幼儿造成伤害。选择游戏材料应该考虑以下几个方面：幼儿的口手行为相对较多，游戏材料不应含有有害物质；游戏材料要注意不能有尖角、锋利的边缘，以免割伤、刺伤幼儿；电动游戏材料要注意防止漏电；游戏材料的零部件应该牢固且体积不能过小；游戏材料不能有长线，以免幼儿吞食；游戏材料制作或填充的材料，都应该避免掉毛、掉渣，以免幼儿吸入而造成伤害；游戏材料要适合幼儿的身高体重，比如幼儿自行车重心要低、链条处装有防护罩等。

游戏开始前，特别是户外游戏时，教师应清理游戏场地上的障碍物或铁钉等杂物。让幼儿穿着轻便吸汗的服装和柔软的鞋子，系好鞋带。女孩不要穿裙子，以免幼儿蹲下起身时踩到裙摆而摔倒。

（二）游戏过程的安全

幼儿游戏时，教师要在一旁观看，确保他们安全游戏。要保证幼儿的安全，要加强游戏的组织与管理。要培养幼儿良好的游戏常规，培养幼儿自我保护意识和自我保护能力。教师应定期检查、维修、消毒游戏材料。注意那些幼儿一个人玩是安全的、一群人玩就会存在一定危险性的游戏和材料，如投掷游戏及其中用的沙包等。

在游戏过程中，教师要注意合理调节幼儿游戏的活动量，防止意外发生。注意幼儿有无不当使用材料的情况，如乱扔积木等。幼儿如有不当情况发生，教师要及时制止。

（三）游戏结束时的安全

幼儿游戏时，特别是激烈的户外游戏，教师要注意观察幼儿的活动量。如果活动激烈，幼儿不宜马上停止动作，而要有一个轻松的活动过渡。游戏结束后，幼儿要擦干汗水，穿上外套，以防受风感冒。如穿着游戏服，结束时要脱下游戏服，及时换上自己的服装，以免受凉。

二、教育性原则

幼儿园作为专业的教育机构，与家庭不同之处在于，教师可以利用自己的专业能力对幼儿游戏进行有意识的专业指导，使幼儿游戏教育效果最大化。

幼儿游戏的教育性原则，意味着在游戏目的的确定上，体现与幼儿园教育目标的一致性。例如在游戏活动内容的选择上，保证游戏内容健康，积极向上，传递正能量；在组织游戏的过程中，教师密切与幼儿的关系，观察、引导、支持幼儿，为因材施教提供基础和可能；在评价游戏时，以鼓励、表扬、肯定为主，潜移默化地传递知识，训练能力，促进幼儿身心发展。

在游戏的过程中，教师的作用体现在教师观察幼儿的游戏行为、了解幼儿的游戏水平，为幼儿的游戏提供材料的支持，帮助幼儿将自己的生活经验转化为游戏经验。在游戏中，教师运用以间接指导为主、直接指导为辅的方式对幼儿游戏适当延伸，推进游戏进程。在游戏总结环节，教师鼓励幼儿将游戏经验迁移到生活中，进一步提升生活经验，最终回归幼儿生活。

真题链接

选择题

幼儿教师要能接住幼儿抛来的“球”，并用恰当的方式把“球”抛回给幼儿，让活动能继续下去，这里教师所体现的角色是（　　）。

A. 幼儿学习活动的指导者　　B. 幼儿学习活动的管理者

C. 幼儿学习活动的设计者　　D. 幼儿学习活动的合作者

（2019 年上半年国家教师资格考试《保教知识与能力》真题）

答案

D

答案解析

本题考查教师观，材料中教师作为幼儿的伙伴，与幼儿一起进行游戏，是幼儿学习活动的合作者。故本题选D。

真题链接

材料分析

幼儿园只有一架秋千，幼儿都很喜欢玩。大二班在户外活动时，胆小的诺诺走到正在荡秋千的小莉面前，请小莉把秋千让给他玩。小莉没理会他。诺诺就跑过来向老师求助："老师，小莉不让我荡秋千。"

对此，不同的教师可能会采取下面不同的回应方式：

教师A：牵着诺诺的手走到小莉面前，说："你们的事情我知道了，我现在想看小莉是不是个懂得谦让的孩子。小莉，你已经玩了一会儿了，现在能不能让诺诺玩一会儿？"小莉听后，把秋千让给诺诺。

教师B："你对小莉怎么说的呢？"诺诺说："我说我想玩一会儿秋千。"想到诺诺平时说话总是低声细气的，教师就说："是不是你说话声音太小了，她没有听清楚呢？现在去试试大声对她说：'我真的想荡秋千，我已经等了很久了！'如果这样说她还没让你玩，我们再想别的方法。"

问题

请分析上述两位教师回应方式的利弊，并说明理由。

答案解析

本案例中主要反映了教师在处理幼儿同伴交往过程中行为的引导。两位教师的做法各有利弊。

教师在教学活动、生活活动中，要留意幼儿身心特征对幼儿与同伴交往的影响，采用有针对性的引导策略。对两位教师回应方式的利弊分析如下：

教师A的做法的可取之处在于发现幼儿同伴交往中出现问题，及时介入；过程中没有强制让幼儿按照自己的意愿执行，而是用一种讲道理的方式告诉幼儿做一个懂得谦让的幼儿。不可取之处在于该教师介入时处于主导者地位，也就是说，以教师的身份介入游戏当中，干涉了幼儿正常游戏的进行，而且让小莉把秋千让给诺诺玩的时候，并没有询问小莉的意愿，商量的语言中透露着一种命令的语气，没有给小莉述说自己意愿的机会。对于诺诺来说，这一次通过老师的介入满足了内心的愿望，下次遇到此类问题还是会第一时间想到找老师，欠缺自己动脑解决问题的能力，长此以往会养成胆小、懦弱、依赖成人的习惯。

教师B的做法的可取之处在于注意到了幼儿的特点对同伴交往的影响，对交往当中的弱势一方，即诺诺，积极引导，帮助分析原因，提出合理建议，抓住契机培养幼儿在交往中的主动性和勇气。教师B考虑不周全之处在于对幼儿处理问题的过程关注不够，仅笼统地教给方法，对结果和后期交往没有更多关注、引导、鼓励。

三、主体性原则

（一）尊重幼儿的自主性

幼儿是游戏的主人。幼儿只有在自己活动时，在没有成人给予压力的时候，活动才是自发的，才能真正体现幼儿游戏的主动性、独立性和创造性。游戏的教育性并不意味着教师可以随心所欲，把自己的想法强加给幼儿。相反教师应当尊重幼儿的自主性，尊重幼儿的兴趣和想法，在此基础上进行相应的引导。教师指导作用发挥得如何，就是看教师有没有在游戏中调动幼儿的主动性、积极性和创造性。例如，在建构区，教师提供了各种积木材料后，让幼儿自主决定搭建什么作品。幼儿们有的商量着要搭建城堡，有的打算搭建游乐场。教师在一旁观察，当幼儿遇到困难主动寻求帮助时，再给予适当的引导和建议。

（二）把握介入时机

教师对幼儿游戏的指导是一个开放性地与幼儿互动的过程，需要注意介入时机。这种互动过程，要求教师掌握一定的技巧或策略，并具有较强的随机应变能力。教师参与游戏应注意抓住时机。一般情况下，教师只在出现以下情况时介入幼儿游戏：

（1）当游戏有不安全的倾向时；

（2）幼儿主动寻求帮助时；

（3）幼儿因遇到困难、挫折、纠纷，难以实现游戏愿望时；

（4）游戏中出现过激行为时；

（5）游戏中出现不符合社会规范的消极内容时；

（6）幼儿刚升班、投放了新材料、开放了新的区域时。

其他时间教师不需要介入，让幼儿自己主导自己的游戏，解决自己的困难。在搭建游戏中，当幼儿尝试多次仍无法解决搭建过程中的结构不稳定问题时，教师可以适时介入，通过提问引导幼儿思考，或者示范一些搭建技巧，帮助幼儿解决问题，而不是直接帮幼儿完成搭建。

（三）以间接指导为主

教师的指导以观察为依据，尽可能利用自身、材料、幼儿伙伴为媒介，进行间接指导，确定自己的指导时机，把握互动的节奏和指导对象的范围。

间接指导是教师以角色或玩伴的身份进入幼儿的游戏，以建议、提示、暗示等方式指导幼儿游戏。直接指导是教师以教师的身份指挥和控制幼儿的游戏。一般而言，教师直接指导越多，幼儿在游戏中就越被动。因此教师指导游戏应以间接指导为主，尊重幼儿游戏的意愿，发挥幼儿的主观能动性。例如，遇到娃娃家的幼儿游戏情节枯竭，教师以邻居串门的方式，告诉幼儿超市大减价，可以买一些菜回来包饺子。幼儿游戏的间接指导有时也叫隐性指导或间接干预。

游戏中的现场指导体现了幼儿教师工作的科学性、艺术性和创造性。教师在组织实施游戏时应充分考虑幼儿的年龄特点及身心发展水平，选择难度适中的游戏内容，尊重幼儿的兴趣，保证游戏的安全，让幼儿积极主动地游戏，发挥幼儿的创造性，促进幼儿的全面发展。

幼儿园情景再现

无人问津的蛋糕店

角色游戏开始了，禾禾和小春穿起了蛋糕店的围裙，做好了准备工作，在迎接顾客的到来。他们把该做的准备都做好了，却还不见一个顾客光顾。

教师的做法 1：

禾禾着急了，急匆匆地跑到教师身边，气呼呼地说："老师，我们一个顾客都没有啊，怎么办呢?"教师"哦"了一声，没有马上去理会他们，打算再看看情况，看他们如何扭转局面。时间又过了两分钟，禾禾有点按捺不住了，低下了头，一副无奈的样子。这时小春抬起头大声叫道："卖蛋糕喽，我们新开张的!"这时，禾禾也学起小春的样子叫卖起来。教师看准时机，拿了一只小包，走了过去。教师故意问："有人吗?"听到教师的声音，禾禾、小春都跑了过来。禾禾迫不及待地给教师介绍蛋糕，忙得不亦乐乎。他们的生意好转了，顾客源源不断。

教师的做法 2：

教师看到两个服务员趴在服务台上，看着过往的行人，无所事事的样子，生意比较惨淡。于是，教师以旁观者的身份用语言暗示："怎么今天生意不太好？不如你们来一个限时优惠？比如买一送一的促销活动?"孩子们觉得这个主意不错，开始热情吆喝："来，买一送一喽！免费试吃!"果然，好多孩子过来品尝了，都觉得味道还不错。没想到两个服务员还能根据实际生活经验，推出"买蛋糕可免费阅读图书活动"，创造性地丰富了游戏，顾客络绎不绝。

教师的做法 3：

小春开始叫卖："卖蛋糕了，谁买蛋糕?"叫了好几遍都没有人搭理，可他还是乐此不疲地叫卖着。教师走过去问："我要买一个蛋糕，你的蛋糕多少钱一个?""给你。"她把蛋糕放在教师手上，对教师的问题置若罔闻，可能是孩子对钱没有概念。于是，教师继续问："这是什么味道的蛋糕?"小春奶声奶气地回答"这是草莓味的。"教师"啊呜"吃了一口，说："好吃，好吃!"看到其他孩子不停地往这边观望，教师便赶紧撤出。小春又开始了她的叫卖，教师远远望见其他小朋友开始和小春互动了。

四、参与性原则

参与性原则是指幼儿作为游戏主体，在游戏中发表意见、参与决策、最终做出决定的原则。在游戏中参与性原则具体表现为三个方面。

（一）幼儿参与创建游戏环境

游戏环境是游戏的一部分。幼儿参与游戏环境创设，用幼儿的眼光来创设游戏环境，更符合幼儿的需求。幼儿根据自己的需求和认知，不断丰富和修正游戏环境，既尊重了幼儿，发挥幼儿的想象力和创造力，又有利于增强幼儿的责任感。如活动室开设的“超市”，幼儿参与创设后，将自己的日常观察所得应用到“超市”的运营创设中，不断更新“超市”货品种类，并随季节转换更新应季商品。创设游戏环境本身就是游戏的一个情节，可以增强幼儿对游戏的责任感。

（二）幼儿参与游戏的组织与指导

在游戏中尊重幼儿的想法和意见，幼儿自己确定玩什么游戏、跟谁玩儿、怎么玩儿（见图 1-4）。例如，教师一般不参与中大班幼儿分配角色和订立游戏计划，放手让幼儿自己组织游戏，在游戏中自我修正。

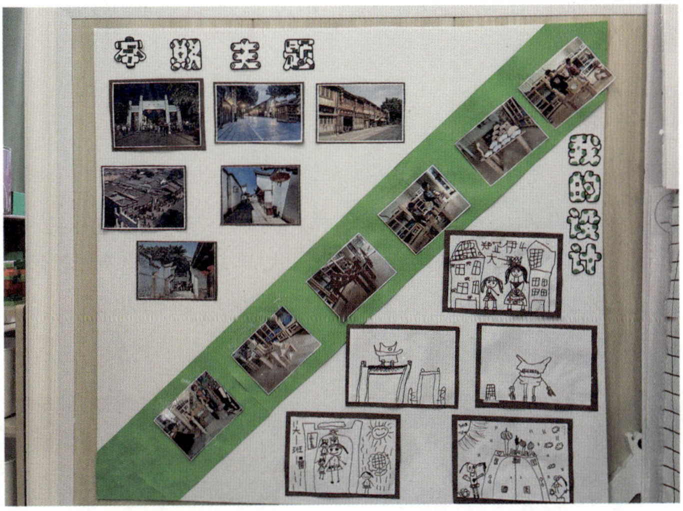

图 1-4 幼儿参与制定结构游戏主题墙

（三）幼儿参与制定游戏规则

游戏规则如果是幼儿自己订立的，则比较具有约束性，幼儿自愿遵守，内心也会认同。因此即使幼儿提议改变规则，教师也不应干预。有时游戏的规则不会一次全部定完，教师可以分多次在幼儿游戏后的评价中，针对遇到的问题启发引导幼儿订立或修改规则，这样可以充分发挥幼儿的主动性和创造性。例如，中班幼儿在游戏后的讨论中提出有人偷奶茶店的水果，教师可以引导幼儿根据出现的问题进行讨论，制定出购物一定要付钱的规则。

五、创造性原则

游戏是最能体现幼儿创造性的活动。教师要善于使用鼓励性的语言对幼儿游戏中体现出的创造性行为给予肯定。教师应注意创设自由和谐的游戏气氛，充分利用创造性游戏，培养幼儿的创造力。如果幼儿有机会在游戏中发展自己独立的想象或行为，并且得到了肯定，那么幼儿的行为会继续深入，创造力就会得到发展。

在幼儿园的美工区，教师为幼儿准备了各种废旧材料，如饮料瓶、纸盒、旧报纸、彩色纸条等，让幼儿自由创作。大部分幼儿一开始按照常规思路，用饮料瓶制作花瓶，用纸盒做小房子。教师没有局限幼儿的思维，而是鼓励他们想想还能做什么不一样的东西。于是，有幼儿把几个饮料瓶用彩色纸条绑在一起，做成了一个“乐器”，通过摇晃不同的瓶子发出不同的声音，还为小伙伴们演奏自创的“音乐”。教师对这个创意给予了充分肯定和赞扬，这激发了更多幼儿的创造力。有的幼儿用旧报纸揉成纸球，制作了“纸球怪兽”；还有的幼儿把纸盒和彩色纸条组合，做成了会飞的“魔法城堡”。在这个过程中，教师遵循创造性原则，没有对幼儿的游戏进行过多干涉和限制，而是给予幼儿支持与鼓励，让幼儿在游戏中充分发挥自己的创造力，创造出各种独特有趣的作品。

真题链接

材料分析

在开展“烧烤店”游戏前，大一班的李老师加班加点为幼儿准备了烧烤架、烧烤夹，以及各种逼真的“鱼丸”“香肠”等食材；大二班的王老师没有直接投放材料，而是与幼儿商量，并支持他们自己去寻找、搜集所需材料，幼儿游戏情景分别见图 1（大一班）和图 2（大二班）。

图 1

图 2

问题

哪位教师的做法更恰当？请分别对两位教师的做法进行评析。
（2019 年上半年国家教师资格考试《保教知识与能力》真题）

答案解析

大二班王老师的做法更恰当。

1. 游戏指导要遵循幼儿参与性原则。大一班李老师没有邀请幼儿参与到环境创设中来，都是自己加班准备材料。大二班王老师与幼儿商量，并鼓励幼儿搜集材料，幼儿参与到环境创设中。

2. 环境创设要符合幼儿身心发展特点和兴趣需要。大一班李老师只是从自身的角度考虑幼儿游戏中需要的材料，尽量做到逼真。大二班王老师鼓励幼儿自己搜集材料，这样搜集的材料更符合幼儿的需要，更能激起幼儿的兴趣。

3. 游戏指导要遵循幼儿主体性原则。大一班李老师的游戏材料均为自己准备，大二班王老师则引导幼儿搜集材料，和幼儿商量，更能培养幼儿的自主性。

4. 游戏指导要遵循创造性原则。大一班李老师给幼儿提供逼真的材料，而大二班王老师则让幼儿自己搜集，幼儿搜集更多象征性的材料，给了幼儿创造的机会，有助于发展幼儿想象力和创造力。

真题链接

材料分析

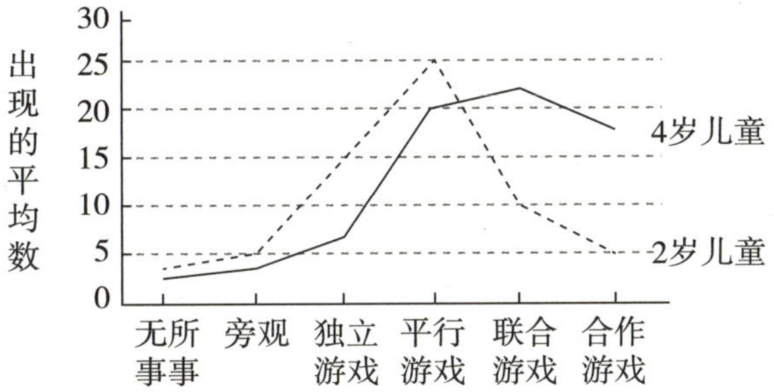

问题

请根据上图，分别分析2岁儿童和4岁儿童的游戏特点是什么？结合游戏特点，谈一谈对学前儿童游戏指导的启示。

（2023年下半年国家教师资格考试《保教知识与能力》真题）

答案解析

1. 帕顿按照儿童游戏表现出来的高低不同的社会参与水平，将游戏从低到高归纳为无所事事、旁观、独立游戏、平行游戏、联合游戏、合作游戏。其中2岁儿童和4岁儿童主要是独立游戏、平行游戏、联合游戏的发展最为突出。具体游戏特点分析如下：

（1）根据上图可以看出，2岁儿童以平行游戏为主，联合游戏偶有出现。这主要是因为2岁左右的儿童社交能力弱，而平行游戏主要是儿童各玩各的，所用的玩具和游戏方式相近，各自的游戏内容没有联系，不与同伴一起玩。有时儿童会相互模仿，但无意支配别人的活动。

（2）根据上图可以看出，4 岁儿童平行游戏更为成熟，但是随着社会性发展和交往能力的发展，4 岁儿童的联合游戏和合作游戏较 2 岁时有大幅提升。儿童会和同伴一起玩游戏，会有短暂交谈的行为，逐渐学会共同分工和合作。

2. 对学前儿童游戏指导的启示如下：

（1）对 2 岁儿童游戏指导的启示。

1）可根据儿童的生活经验为其提供种类少、数量多且形状相似的成型玩具，避免其为争抢玩具而发生纠纷，满足其平行游戏的需要。

2）在游戏过程中，可以平行游戏法指导游戏，也可以游戏中的角色身份加入游戏，在与儿童游戏的过程中达到指导的目的。

（2）对 4 岁儿童游戏指导的启示。

1）为儿童提供丰富多样的游戏材料，满足儿童的物质需求，鼓励儿童玩多种主题或相同主题的游戏。

2）指导儿童学会并掌握交往技能及规范，促进儿童与同伴交往，使儿童学会在游戏中解决简单问题。

3）注意观察儿童游戏的情节及发生纠纷的原因，以平行游戏或合作游戏的方式进行指导。

参考阅读

安吉游戏

安吉，浙江北部一个山区县城。2000 年起，安吉提出“自由的游戏点亮孩子的生命”的观念，积极探索富有特色的“安吉游戏”新模式。“安吉游戏”从最初的“无游戏”到“假游戏”再到现在的“真游戏”，在长期的改革创新后，如今“安吉游戏”已成为安吉的一大招牌，获得了社会各界的认可和肯定，每年接待不少国内外的学前教育工作者参观学习。

“安吉游戏”场景一：在一个悬挂式爬梯前，中班幼儿飞飞正在努力往上爬，他试了多次依然没有成功，便停下来观察一旁的小伙伴如何向上爬。之后飞飞开始再次向上爬，有时候爬梯失去平衡，飞飞的身子会跟着倾斜，看着十分危险，旁边的中班老师并没有上前搀扶。他认为幼儿正在探索，教师不能轻易打扰。在这个全开放式的课堂上，教师几乎不会主动指导幼儿。教师认为幼儿要在玩耍中快乐成长，学习在游戏中如何解决困难。

“安吉游戏”场景二：安吉试点幼儿园的荒草地被清理成游戏场地，内部的围栏、墙面、灌木丛全被打通，除了教学楼之外的所有空间都成为一个开放式的课堂。教师们四处搜集材料，砖头、油桶、木板、沙子都被搬进了幼儿园。在空旷的空间里，任凭幼儿游玩、探索、开发。教师在幼儿游戏时要做两件事：一是在旁边细心观察；二是在现场录像和拍摄照片。回到教室内，教师用 PPT 放映这些照片和录像，并对此提出各种问题，几十名幼儿就有几十个答案，笑声、掌声充满课堂。

“安吉游戏”场景三：安吉试点幼儿园反对幼儿提前学习认字。但家长发现在幼儿园里玩象棋后，幼儿只用了一天就把象棋上所有的字认记下来了。家长意识到幼儿在玩游戏时，就已经在潜意识里打下了认字的底子。

资料来源：陈宁，沈洁．“安吉游戏”魅力何在．浙江在线，2019-06-26.

学习小结

学

1. 阅读教材，完成本单元任务。
2. 扫码观看本单元微课。

微课 幼儿游戏导论

微课 游戏分类

做

1. 做相关真题。
2. 做本单元过关题。

思

1. 复习本单元的思维导图。
2. 讨论本单元学习心得，分组相互提问和回答。

推荐阅读

[1] 黄进．游戏精神与幼儿教育．南京：江苏教育出版社，2006.

推荐理由： 此书从人类思想史上游戏精神的演化历程出发，分析游戏的内涵和概念，采取阐述与批判相结合的方式，梳理了游戏与幼儿教育的关系。

[2] 刘焱．幼儿园游戏教学论．北京：中国社会出版社，2000.

推荐理由： 此书可以作为本教材的理论补充，阐明了很多基本幼儿游戏的概念与特点，论述了幼儿园以游戏为基本活动的合目的性与合规律性，提出了幼儿园以游戏为基本活动的教学实践模式和与幼儿年龄特点相适宜的变式，以及评价幼儿园教学活动的质量标准，解释了幼儿园以游戏为基本活动的实践含义，分析了幼儿园实施以游戏为基本活动的教学模式的可行性与需要的条件。

［3］华爱华．幼儿游戏理论．上海：上海教育出版社，1998.

推荐理由：此书主要内容包括儿童游戏发展的历史概述、国外游戏理论概述、游戏的本质和特征、儿童游戏与儿童发展等。此书对幼儿游戏的阐述和本教材不同，通过阅读此书，可以从不同出发点了解幼儿游戏的完整体系。

［4］程学琴．放手游戏 发现儿童．上海：华东师范大学出版社，2019.

推荐理由：此书由安吉幼教的代表人程雪琴主编，讲述了安吉幼教的发展历程及课程框架，图文并茂，包含大量安吉幼儿园玩游戏的图片和案例。

推荐影音

［1］《幼儿园》，导演：张以庆，2004 年上映。

推荐理由：影片记录了武汉一所寄宿制幼儿园，一个小班、一个中班和一个大班中的幼儿在 14 个月里的生活。

［2］《成长的秘密》，北京师范大学纪录片中心，2011 年上映。

推荐理由：影片记录了几个在幼儿园发生的故事，展示了隐藏在日常生活里的儿童成长的秘密。

育德明心

“以儿童为中心”
理念的演进

过关题

单项选择题

1. 最早系统研究游戏并尝试创建游戏实践体系的教育家是（　　）。

A. 陈鹤琴　　B. 福禄贝尔　　C. 蒙台梭利　　D. 皮亚杰

2. 幼儿游戏是儿童自主且自愿的活动。下列不属于这一观点的是（　　）。

A. 游戏是儿童的主动性活动

B. 游戏是儿童的独立性活动

C. 游戏是儿童的社会性活动

D. 游戏是儿童的创造性活动

3. 从认知发展的角度对游戏进行分类的首创者是（　　）。

A. 皮亚杰　　B. 维果茨基　　C. 帕顿　　D. 蒙台梭利

4. 下列教师指导学前幼儿游戏的功能描述错误的是（　　）。

A. 支持幼儿游戏的态度功能

B. 密切师生关系的情感功能

C. 严格控制幼儿游戏的开展功能

D. 促进幼儿发展的教育功能

5. 0～2 岁的儿童处于感知运动阶段，此时幼儿游戏以（　　）为主。

A. 象征性游戏　　B. 练习性游戏

C. 角色游戏　　D. 结构游戏

6. 游戏动因在于各大感觉或运动器官获得的快感，主要由简单的重复动作或运动所组成的游戏是（　　）。

A. 象征性游戏　　B. 结构游戏

C. 角色游戏　　D. 感觉运动游戏

7. 幼儿在游戏中可以影响与控制环境，建立对自己的信心，获得成功的喜悦，这说明游戏可以满足幼儿（　　）的需要。

A. 认知发展　　B. 社会性发展

C. 生理发展　　D. 自我意识发展

8. 游戏中幼儿可以自由变换动作、姿势，可以多次重复感兴趣的动作而不受限制，可以使中枢神经系统的机能状态调到最佳水平，这说明游戏可以满足幼儿（　　）的需要。

A. 生理发展　　B. 认知发展

C. 社会性发展　　D. 自我意识

9. 幼儿游戏的特征不包括（　　）。

A. 自主性　　B. 趣味性

C. 假想性　　D. 非生产性

10. 幼儿最常见、最典型的游戏是（　　）。

A. 角色游戏　　B. 规则游戏

C. 创造性游戏　　D. 结构游戏

11. 幼儿相互模仿，操作相同或相近的玩具，但是相互间没有交流，这种游戏形式属于（　　）。

A. 单独游戏　　B. 联合游戏

C. 无所用心的游戏　　D. 平行游戏

12. 幼儿的基本活动是（　　）。

A. 睡眠　　B. 成长

C. 学习　　D. 游戏

13. 下列关于幼儿游戏的说法不正确的是（　　）。

A. 游戏是幼儿生活的主要内容

B. 游戏符合幼儿身心发展的需要

C. 游戏是幼儿特有的一种学习方式

D. 幼儿学习的动力来自教师的要求

14. 社会性程度最高的游戏是（　　）。

A. 单独游戏　　B. 合作游戏

C. 联合游戏　　D. 平行游戏

15. 下列哪种情况教师不需要马上介入幼儿游戏？（　　）

A. 当游戏内容贫乏时

B. 当角色之间有冲突时

C. 当教师需要进一步了解情况时

D. 当游戏不知何故停下来时

16. 下列哪个不属于幼儿游戏的特点？（　　）

A. 游戏是幼儿的自主活动　　B. 游戏就是玩耍和嬉戏

C. 游戏是有趣味的活动　　D. 游戏是虚构的活动

17. 下列哪个行为不属于参与性原则？（　　）

A. 幼儿参与创建游戏环境

B. 幼儿参与决定结束游戏的时间

C. 幼儿参与游戏的组织与指导

D. 幼儿参与制定游戏规则

18. 愉快地结束游戏，有助于保持幼儿对游戏的兴趣。这是指教师应（　　）。

A. 选择在幼儿的游戏兴趣尚未低落时结束游戏

B. 在幼儿兴趣来的时候结束游戏

C. 让幼儿自己决定什么时候结束游戏

D. 事先规定好时间，到时间后结束游戏

19. 下列哪个不属于游戏的基本结构？（　　）

A. 游戏主题　　B. 游戏目的

C. 游戏规则　　D. 游戏情节

20. 认为游戏是为将来生活做准备的游戏理论是（　　）。

A. 剩余精力说　　B. 生活准备说

C. 生物进化论　　D. 复演说

21. 按幼儿的认知发展分类，游戏可分为（　　）。

A. 感觉运动游戏、象征性游戏、结构游戏、规则游戏

B. 单独游戏、平行游戏、联合游戏、合作游戏

C. 运动性游戏、装扮性游戏、操作性游戏、智力性游戏

D. 宣泄性游戏、模仿性游戏、探索性游戏、创造性游戏

22. 幼儿最早出现的游戏是（　　）。

A. 感觉运动游戏　　B. 象征性游戏

C. 结构游戏　　D. 规则游戏

23. 菁菁在游戏中拿椅子当汽车开，把冰棍棒当注射器给布娃娃打针。她玩的游戏属于（　　）。

A. 感觉运动游戏　　B. 象征性游戏

C. 结构游戏　　D. 规则游戏

24. 幼儿游戏的感觉运动性水平、象征性水平、规则性水平是以（　　）为主线划分的。

A. 自我意识发展　　B. 社会性发展

C. 认知发展　　D. 身体发展

25. 以集体共同的目标为游戏目标，有达到目标的方法，活动有严格的组织，小组里有分工，常有较明显的组织者或领导者，这种游戏是（　　）。

A. 单独游戏　　B. 平行游戏

C. 联合游戏　　D. 合作游戏

26. 给幼儿一些有棱角、尖角边缘的或者含有有毒化学物质的玩具、材料，这主要违背了（　　）。

A. 玩具的安全标准

B. 游戏应考虑幼儿发展个别差异的要求

C. 玩具的卫生标准

D. 游戏要符合幼儿年龄特点的要求

27. 下列几组游戏中，属于创造性游戏的是（　　）。

A. 角色游戏、结构游戏、表演游戏

B. 体育游戏、音乐游戏、智力游戏

C. 规则游戏、音乐游戏、语言游戏

D. 数学游戏、科学游戏、语言游戏

28. 在游戏中，禾禾把积木当蛋糕给小熊吃，把椅子当马骑，把纸箱当汽车开，说明这时幼儿游戏的发展进入（　　）。

A. 感觉运动性水平　　B. 象征性水平

C. 规则性水平　　D. 接受性水平

本单元思维导图

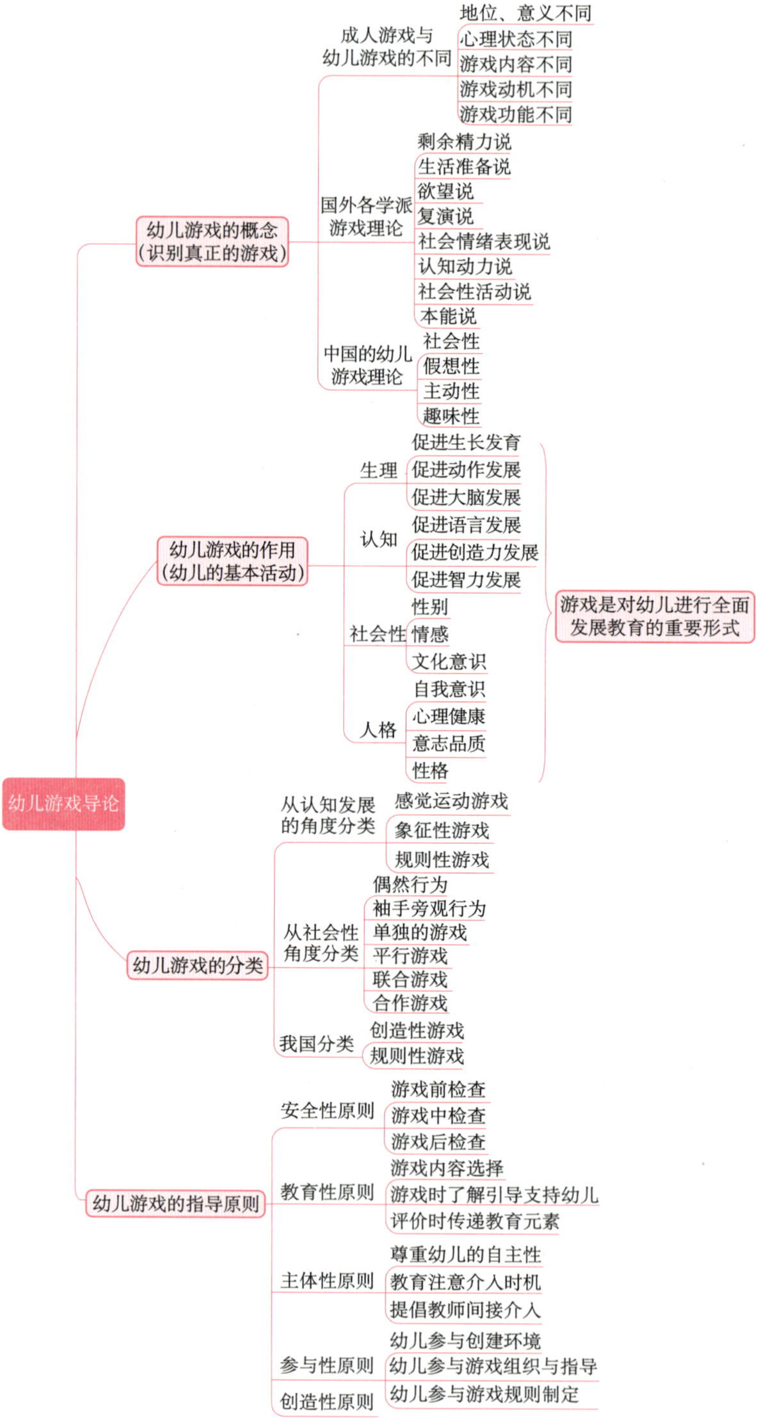
幼儿游戏导论
幼儿游戏的概念（识别真正的游戏）
成人游戏与幼儿游戏的不同
地位、意义不同
心理状态不同
游戏内容不同
游戏动机不同
游戏功能不同
国外各学派游戏理论
剩余精力说
生活准备说
欲望说
复演说
社会情绪表现说
认知动力说
社会性活动说
本能说
中国的幼儿游戏理论
社会性
假想性
主动性
趣味性
幼儿游戏的作用（幼儿的基本活动）
生理
促进生长发育
促进动作发展
促进大脑发展
认知
促进语言发展
促进创造力发展
促进智力发展
社会性
性别
情感
文化意识
人格
自我意识
心理健康
意志品质
性格
游戏是对幼儿进行全面发展教育的重要形式
幼儿游戏的分类
从认知发展的角度分类
感觉运动游戏
象征性游戏
规则性游戏
从社会性角度分类
偶然行为
袖手旁观行为
单独的游戏
平行游戏
联合游戏
合作游戏
我国分类
创造性游戏
规则性游戏
幼儿游戏的指导原则
安全性原则
游戏前检查
游戏中检查
游戏后检查
教育性原则
游戏内容选择
游戏时了解引导支持幼儿
评价时传递教育元素
主体性原则
尊重幼儿的自主性
教育注意介入时机
提倡教师间接介入
参与性原则
幼儿参与创建环境
幼儿参与游戏组织与指导
幼儿参与游戏规则制定
创造性原则

第二单元

角色游戏

知识目标

1. 认识角色游戏对幼儿发展的重要价值
2. 掌握角色游戏观察、记录及指导的方法

能力目标

1. 能根据各年龄班角色游戏的特点设计和规划室内角色游戏环境
2. 能运用所学的知识指导幼儿角色游戏

素养目标

1. 愿意耐心细致地观察幼儿、分析幼儿
2. 对幼儿教师的职业有认同感，能够自觉将显性教育与隐性教育相结合，能用生动的生活实例向幼儿介绍各行各业的行为规范
3. 注重创新，知道呵护幼儿创新能力的重要性

任务索引

任务描述

幼儿园大一班陈老师为幼儿设计了一个漂亮的娃娃家。娃娃家里有床、有桌、有炉、有灶，可漂亮了。可是陈老师发现，时间一久，班上的幼儿对这个娃娃家不感兴趣了。大二班的李老师也说，她在班上设计了一个机场候机厅，里面做了行李托运处、安检通道等。她自己觉得这个角色区很漂亮，可幼儿还是不玩。为什么娃娃家和机场候机厅这样的角色游戏，大班的幼儿不感兴趣？到底幼儿园的角色游戏该如何设计环境？幼儿玩角色游戏似乎不需要成人帮助就可以自发地玩耍，那么教师该做些什么？带着这些问题，我们开始本单元的学习。

第一节　角色游戏的理论概述

上述案例，教师可能感到很奇怪：明明是幼儿喜欢的角色游戏，为什么他们却不喜欢呢？其实仔细想想，大班的幼儿从小班开始玩娃娃家，玩了两年多，他们还会感兴趣吗？候机厅的游戏倒是比较新颖，但是离幼儿的生活太远了，他们也许从来没有乘过飞机，不知道候机厅是什么，自然就不会玩了。看来要想真正组织好幼儿的角色游戏还真不简单。

一、角色游戏的概念

角色游戏是幼儿按照自己的意愿，模仿和想象并借助真实或替代的材料，通过角色扮演创造性地再现周围生活的游戏。角色游戏属于象征性游戏，是幼儿期典型的游戏形式。角色游戏也是创造性游戏，是幼儿最主要的游戏活动类型之一。

真题链接

选择题

幼儿把雪人当作“宝宝”，跟它说话，给它喂饭，这类活动属于（　　）。

A. 规则游戏　　B. 表演游戏　　C. 结构游戏　　D. 角色游戏

（2024 年下半年国家教师资格考试《保教知识与能力》真题）

答案

D

二、角色游戏的特点

（一）社会性

幼儿已有的社会生活经验是角色游戏的源泉。角色游戏的中心主题和主要内容是日常生活和社会活动。游戏主题并非社会生活事件的简单重现，而是幼儿创造性地加工、改造的产物。上述案例描述的机场候机厅，幼儿没有生活经验就不会玩；娃娃家里模拟家庭生活，幼儿虽然非常熟悉，但如果没有不断深入地对现实生活进行加工、改造，娃娃家游戏情节经过两年多时间变得枯竭，幼儿也就失去了兴趣。

（二）特殊的想象活动

角色游戏离不开想象。角色游戏中的想象包括情景转变、以物代物、以人代人。例如在娃娃家里，积木被当成了炉灶、床铺，甚至面包。不同的幼儿对同一个物品有不同的想象内容，因此也会有不同的玩法。幼儿游戏行为体现出他们想象水平的高低。同样是用杯子喝水，有的幼儿用真的空杯子，假装喝水；有的幼儿使用像杯子的假杯子喝水；有的幼儿使用一块积木代替杯子喝水；还有的幼儿手中没有杯子，只是手指弯曲做出喝水的样子。这体现出幼儿不同的想象水平。

（三）高度的独立自主性

角色游戏中幼儿想玩什么、怎么玩、和谁玩、使用什么样的材料、遵守什么样的规则，这些问题幼儿完全可以自己确定，不需要成人过多引导。角色游戏不追求游戏结果，幼儿沉迷于游戏过程，因此，幼儿自己设计组织游戏本身就是在“玩”了。

幼儿园情景再现

忙碌的美容师

美容店一开张，就来客人了。珍珍今天是美容师，看到客人来了，就赶紧上前询问要做什么，然后就开始工作起来，但美容店提供的材料比较有限，她拿大毛巾为客人包住头发后，就没有毛巾能够帮客人洗脸了。于是她掏出自己的小手帕，假装用它为客人清洗。当小手帕使用完后，她还拿了个篮子充当水槽，洗干净后再继续使用。

美食一条街

游戏开始了，幼儿兴奋地挑选角色。扮演烧烤店老板的小明，扯着嗓子吆喝：“新鲜烤串，快来尝尝！”蛋糕店的小红专注地用彩泥给“蛋糕”裱花。小顾客们走进店铺，有模有样地点餐。随着游戏进行，烧烤店顾客爆满，小明手忙脚乱，顾客开始抱怨；与此同时，奶茶店的“珍珠”告罄，服务员不知所措。这时，教师以“巡视员”身份巧妙介入，引导小明招募帮手，分工协作，缓解了烧烤店的压力；教师又启发奶茶店的服务员去“仓库”翻找，最终用彩色果冻替代珍珠，解决了难题。

真题链接

选择题

幼儿园的娃娃家游戏属于（　　）。

A. 结构游戏　　B. 表演游戏　　C. 角色游戏　　D. 智力游戏

答案

C

三、角色游戏对幼儿发展的作用

（一）促进幼儿想象力与思维能力的发展

角色游戏是一种创造性想象活动，能激发幼儿的想象力与创造力。同时，角色游戏中，幼儿与他人频繁交往，能够促进幼儿语言与认知的发展。

（二）培养幼儿的社会交往能力

在角色游戏中，幼儿通过扮演现实生活中的各种角色，了解每个角色的社会职责以及人与人之间的关系，在游戏中学习如何协调人际关系。角色游戏强调人与人之间的相互作用，使幼儿的社会性得到良好的发展。

（三）培养幼儿的积极情感

角色游戏满足了幼儿模仿成人的愿望。通过扮演不同的角色，幼儿体验各角色美好的情感，能够发展幼儿的移情和共情能力。游戏中的苦不是真的苦，游戏中的快乐却是真的快乐，因而游戏为幼儿带来的大多是正能量。

幼儿园情景再现

欢乐小镇

在星星幼儿园的角色游戏区“欢乐小镇”，幼儿开始进行角色扮演。

“超市”里，明明扮演“收银员”，认真地扫码、计算价格，将商品递给“顾客”欢欢。这一过程锻炼了他的数学运算和简单的理财认知能力。欢欢则拿着购物篮挑选商品，还会和明明讨价还价，模拟真实购物场景，提升了其语言表达和社交能力。

“医院”里，亮亮穿上白大褂当“医生”，耐心地询问“病人”阳阳的病情，用听诊器检查身体，然后开“药方”。这不仅让幼儿了解了医院的看病流程，增长了生活常识，还培养了亮亮的责任感和解决问题的能力。

在“欢乐小镇”里，幼儿通过模仿不同的社会角色，在玩中学习，在互动中成长，充分体现了幼儿园角色游戏在促进孩子认知发展、社交能力提升等多方面的重要功能。

第二节　角色游戏的环境创设

角色游戏的主题反映幼儿的社会生活。幼儿最熟悉的地方是家庭，最先接触和了解的活动是家务劳动。因此，小班角色游戏主题以家庭生活为主。娃娃家是角色游戏的中心主题。到了中班，幼儿生活圈子扩大，角色游戏除了娃娃家，出现了其他反映社会生活主题的游戏。大班的角色游戏主题则更加丰富多样，如餐厅、超市、医院、邮局、工厂、图书馆、火车站、博物馆等。

教师应充分尊重和保护幼儿对外部世界的好奇心和学习兴趣，创设丰富的游戏环境，最大限度地支持和满足幼儿，让幼儿在角色游戏中通过直接感知、实际操作和亲身体验获得社会经验。

一、幼儿园区域设计的要求

幼儿园的活动组织形式可以分为三种：集体活动、小组活动和个别活动。幼儿年龄小，个体的生理、心理差异大。为了因材施教，幼儿以小组形式开展活动最为经济有效。幼儿处于前运算阶段，其思维具体形象，游戏时需要各种直观材料和玩具的辅助。幼儿园活动室为小组活动开辟多个区域，每个区域活动各不相同，配备的活动材料也各不相同，幼儿可以根据自己的兴趣和需要选择到哪一个区域参加哪个小组的活动。区域活动是幼儿在教师创设的空间中，通过操作活动，发现、探索事物的一种开放式活动。区域活动自主自由，内容丰富，在区域中幼儿可以以小组或个别的形式开展活动。区域活动在教师有意识地引导下，常常成为集体活动的准备和延伸，有利于活动的整体性和延续性发展。

区域活动有利于幼儿自主发展和教师因材施教。区域活动的环境轻松，幼儿可以按照自己的能力和意愿，选择学习内容和伙伴，进行探索和交往。区域活动中幼儿形成小组或个别进行活动，教师可以更好地观察幼儿，并进行个别指导。区域活动中师幼互动，增加教师与幼儿直接接触的机会，增进双方情感交流。

活动室内的区域有一些是固定的板块，各个年龄班均有开设，如美工区、结构区、角色区、阅读区。此外各班级根据本班特点，还可以开设表演游戏区、益智区、沙水区、电脑区、音乐舞蹈区、木工区等。这些区域设计应该达到以下要求。

（一）区域间有明显的界线和标识

区域的四周除留有幼儿进出的空间外都需要有明显的界线。幼儿园常用低矮的玩具柜做隔断。隔断可以根据具体区角的特点来设计，如娃娃家的隔断可以是家具，超市的隔断可以是货架。开放的玩具柜放置幼儿在区角内所需要的游戏材料。每一个区角在明显的地方挂有幼儿能读懂的区域标识，如角色区是小红星超市、小熊维尼的家等。标识可以帮助幼儿明确活动室各个区角的功能。明显的标识还包括为区角内的玩具材料准备标识。标识可在玩具桶或玩具架上，方便幼儿通过辨认标识拿取玩具或游戏结束后将玩具复位。

（二）各个区域动静分开

动静分区保证了各区域之间免于相互干扰。在设计过程中，要尽量把属性相近的区域布置在一起。安静的游戏区在一起，吵闹的游戏区在一起。例如，安静的区域，如美工区、阅读区、益智区可以放到一起，适当远离吵闹的区域，如角色区、表演区、积木区。例如，某幼儿园的阅读区设置在靠窗、采光好且相对安静的角落，并用书架和柔软的坐垫营造温馨舒适的氛围；而建构区则安排在离门口稍近、空间开阔的地方，方便幼儿搬运积木，且即使幼儿玩耍时声音较大，也不会干扰到阅读区的其他幼儿。在区域归类时除了动与静的原则，色调上的冷暖原则，也应一并考虑。

（三）独立性与开放性并重

区域之间要注意独立与开放的结合。当某个区域只能容纳几个幼儿进区玩耍时，教师应在该区域入口投放几个标识，让每个进区幼儿进行佩戴。没有标识的幼儿不能进区。这样就保证了进区幼儿人数符合规定，减少入区争执。

给幼儿一个相对独立空间的同时，也要保证幼儿能相互学习、相互交流配合，以获得多样化、全面性的发展。例如积木区的幼儿，在搭建好自己的结构物后，常常就开始进行角色扮演。如利用自己搭好的房子，扮演房子的主人等。因而积木区可以和角色区相邻或相对设置，以方便两组幼儿互动。

（四）为功能设计环境

幼儿园各区域的功能各不相同。为了吸引幼儿，在设计上不仅要融入童趣，而且要符合各区域的功能要求。例如幼儿园阅读区，其主要功能是增强幼儿的自主阅读能力，形成良好的阅读习惯。因此阅读区要设置成整间活动室最温馨的地方：靠近自然光线，舒服的座椅靠垫，颜色鲜艳的图书，增加书香气氛，吸引幼儿入区。表演区需要使用电器，因此要在靠近电源的地方。美工区有时需要使用水，因此要放到近水源的地方。

（五）游戏材料的摆放要方便幼儿拿取

教师应有目的、有计划、有针对性地投放材料，定期调整更新游戏材料，材料摆放在幼儿容易拿取的地方。例如，幼儿园经常采用的是无门低矮的玩具橱，将游戏材料分门别类地摆放。图 2－1 为幼儿园的糖果铺子。为了方便幼儿寻找，还应在存储器皿上贴上标签。

图 2－1　糖果铺子

幼儿园区域环境创设可以让幼儿加入设计与布置，这样在增加幼儿责任感的同时，游戏内容也会更丰富。

二、角色游戏区域设计的要求

（一）创设生活化的游戏环境

幼儿在熟悉的环境里会产生各种各样的游戏行为，发展出丰富的游戏情节。创设一个贴近生活的游戏环境，可以引发幼儿的角色游戏行为。

生活化的游戏环境包括环境的生活化和材料的生活化。环境生活化指营造的角色游戏区域符合生活实际，富有这一游戏真实发生场景的特点。以创设娃娃家环境为例：娃娃家注重的是温馨和谐的“家”的感觉，把娃娃家布置成相对封闭的空间，更符合家在现实生活中的私密性特点，因此它的四周可以使用模拟的家具、冰箱、储物柜作为与其他区域的隔断。在颜色上统一使用暖色调，如娃娃家的床上用品、沙发等都采用粉红和嫩绿。娃娃家的布局和实际家庭一样，有卧室、卫生间、厨房、客厅。幼儿犹如在一个真正的家庭中模拟成人的活动。地板可以不做装饰。墙壁上可以像家里一样有电视、窗帘、空调、家庭合影等。娃娃家的家居用品可以用幼儿喜欢的动物图案的布料做装饰，让幼儿在家的氛围中舒缓情绪和得到放松，在游戏情景中再现生活经验。材料上小班要求有色彩鲜艳、形象逼真的玩具；中大班则使用半成品或原材料，供幼儿在游戏中自己制作玩具。

（二）空间大小适宜，创设多元化的游戏环境

角色游戏区域的空间大小要适宜。适宜的空间有利于幼儿在游戏时的互动。空间过大，幼儿难以进入游戏情境，过多地花费时间探究或闲逛；狭小的空间，会让幼儿行动受到限制，容易引起纠纷，不利于深入开展游戏情节，导致游戏简单化。教师应根据幼儿的年龄特点、活动能力、游戏的性质与内容，事先划分游戏场地，并且固定下来。一般可以在活动室内创设角色游戏区域，配置相应的设备材料。走廊空间较大的幼儿园，还可以将角色游戏区域设置在走廊上，充分利用空间资源。甚至可以打破班级的界限，开展跨班角色游戏，让幼儿在平行班中利用共有空间玩游戏。

户外同样可以设立大型角色游戏区域。在户外设置“超市”“商业街”都是不错的方式。全园幼儿可以一起玩大型角色游戏。比如某幼儿园每周五下午都布置一个“商业街”，由大班的幼儿负责布置各个摊点（见图 2－2），中班和小班的幼儿扮演顾客。

图 2－2　户外小吃摊

第三节　角色游戏的组织与指导

一、角色游戏的准备

（一）丰富幼儿的生活经验

角色游戏反映的是幼儿现实的生活。幼儿的生活经验越丰富，游戏的内容就越充实。幼儿的生活经验主要来自家庭和幼儿园的所见所闻。为了拓宽幼儿的视野，教师可以通过组织各种活动将经验与知识相融合，提升幼儿现有的知识经验水平。教师利用家园合作中社区和家长的资源，结合课程要求，组织幼儿外出参观学习，利用一切机会引导幼儿观察周围的生活，拓宽幼儿视野，丰富幼儿经验。本单元开头的案例，大二班的老师设计了飞机场的候机厅，但是幼儿由于没有相关的生活经验，无法玩这个角色游戏。

（二）提供适合的场所、设备及丰富的游戏材料

适合的场所、设备和丰富的游戏材料，是幼儿开展角色游戏的物质条件，可以激发幼儿的游戏意愿。教师按照游戏的要求结合教育意图，投放游戏材料，在游戏准备阶段预测或调控幼儿游戏的类型及其效果。图 2－3 是教师为户外小吃摊准备的材料。在投放玩具和材料时，既要考虑材料的多样性和层次性，也要考虑幼儿的年龄特点。如小班

图 2－3　户外小吃摊材料

幼儿动手能力和创造性较差，喜欢模仿，可多投放逼真的成品玩具，玩具种类不一定多，但同种玩具数量要多。中大班幼儿具有较强的动手操作能力，在游戏中更倾向于运用材料创造性地解决问题，可多投放半成品材料或原材料，让幼儿参与游戏材料的制作，让幼儿真正成为游戏的主人。教师还可以在班级里设置盛放游戏材料的“百宝箱”，里面放一些半成品或原材料，供有需要的幼儿自己制作游戏材料，以解决游戏中幼儿突发的材料需求。

（三）提供充足的游戏时间

游戏时间的长短直接影响幼儿游戏的质量。充足的自由活动时间是保障幼儿深入自主地开展角色游戏的先决条件。教师应当在每天的上午和下午分别为幼儿安排自由活动的时间，让幼儿自主地开展角色游戏，尽量使每个幼儿每周都有机会参与角色游戏。

幼儿园实景

小班“汇声·绘色”游戏时光：我们的幼儿园

开展角色游戏所需的时间较长，幼儿需要有足够的时间来完成角色的分配、材料的准备以及游戏的计划等。倘若游戏时间过短，既影响游戏的效果，还会影响幼儿以后开展角色游戏的兴趣。游戏时间的长短跟幼儿的年龄特点和游戏能力有关。一般来说，小班 30 分钟左右为宜，中大班 30～50 分钟为宜。对于游戏时间的把握需要建立在教师观察的基础上。总的来说，当幼儿玩得意犹未尽时停止游戏效果最佳。

二、角色游戏过程中的现场指导

（一）鼓励幼儿提出角色游戏的主题

角色游戏的主题反映幼儿的现实生活。幼儿在家庭和幼儿园的所见所闻都有可能表现在他的游戏当中（见图 2-4）。教师要善于发现幼儿游戏的兴趣和需要，适当激发幼儿游戏的动机，支持幼儿确定游戏的主题，并在游戏中充当观察者，在必要的时候成为

图 2-4　小吃店

游戏的支持者和引导者。教师要允许幼儿自发地产生游戏的意愿及游戏的主题。幼儿是游戏的主人，只要是合理的游戏主题，教师都应尽可能地提供游戏材料，支持幼儿游戏的开展。

小班的幼儿往往热衷于对成人的模仿。他们不会明确提出玩什么游戏，教师可以利用玩具与富有情感的语言启发幼儿，帮助幼儿确定主题，直到他们学会自己按主题进行游戏。对于中大班的幼儿，教师应启发幼儿独立提出游戏主题，并通过共同商量的方式确定主题。对于幼儿提出的主题中不合适的内容，教师不应挫伤幼儿的积极性，而应以商量、建议或转移的方法予以改变。另外，教师还可以向幼儿提出可供参考的建议，但不宜过多，更不能强迫幼儿采纳，鼓励幼儿按照自己提出的主题开展游戏。例如，一个中班女孩让一个男孩躺在娃娃家的床上，用一块手绢盖在男孩脸上，自己则跪在地上大哭大叫："你死了呀！"教师看到这一情况，过来拿去男孩脸上的手绢，摸摸他的手腕说："还活着，快送医院！"这位教师用转移法，引导幼儿的游戏主题发生了合理的改变。

（二）引导幼儿分配和扮演游戏角色

幼儿分配角色的方法有很多，比如协商、猜拳、轮流、竞争、自荐、他荐等，教师可以将这些方法教给幼儿。在他们学会分配角色的方法之后，让幼儿自己进行角色的分配，同时在旁边观察和引导。注意不要总是让能力强的幼儿扮演主角、能力弱的幼儿扮演配角，以此确保角色分配的公平性，保证全体幼儿的健康发展。针对不同年龄的幼儿，教师引导的方法有所不同。小班幼儿可用材料启发、角色诱导等方法，中、大班幼儿可多用引导设计、小组协商等方法。

小班幼儿的角色意识不明显，在玩游戏时常常忘记自己所扮演的角色。教师应以游戏角色的口气提醒幼儿："谁是孩子的妈妈？""今天妈妈要给孩子做什么好吃的？"中班幼儿的角色意识逐渐强烈，但往往只考虑个人的愿望，而不与同伴协商。教师应当予以引导，教给幼儿分配角色的方法，引导幼儿相互谦让，大家轮流扮演喜欢的角色。大班的幼儿已经能够与同伴共同协商分配角色，并懂得相互谦让。教师应当给幼儿充分的自主权，让幼儿自主分配角色。

幼儿学会如何分配角色后，就可以自主决定和谁玩、怎么玩。教师可以在幼儿游戏前帮助幼儿回忆上一次游戏中出现的问题，理解其所扮演角色的社会职责，初步规划本次游戏的主题和角色扮演的情节。

（三）观察幼儿在角色游戏中的表现，适时地教育

教师在幼儿游戏时进行观察，捕捉幼儿游戏中有价值的语言和行为，正确解读幼儿心理。在游戏中，幼儿总是充分真实地表现自己。通过幼儿游戏，教师可以了解不同幼儿的心理发展水平、性格气质类型，为进行个别教育提供有效的依据。心理学家在研究幼儿时，也常选择幼儿角色游戏中的行为作为观察对象。

小班幼儿的角色游戏以模仿为主，大班幼儿的角色游戏多有创新。对于小班幼儿，教师可以参与到游戏中担任一个重要角色，尝试提供各种游戏材料，与幼儿进行同样的活动，让幼儿从中观察、模仿。同时还应当用游戏角色的口吻提醒幼儿，增强幼儿的角色意识。对中大班的幼儿，教师可以采用启发、建议以及提问的方式，激励、指导幼儿游戏，鼓励幼儿自己决定游戏主题，自己分配角色，自行解决游戏中的纠纷，注重培养幼儿的独立性。例如在“医院”中扮演医生的幼儿跑到“药房”拿药去了，丢下一堆等着看病的“病人”，教师可扮演病人进行提醒：“医生我要看病，护士去拿药吧。”教师的提醒和指导，能够帮助幼儿学习符合社会要求的行为，帮助幼儿学会适应社会生活。

教师可以使用表 2-1 对幼儿角色游戏进行观察。

表 2-1　幼儿角色游戏观察评价表

项目	评价标准	评分
主题的确定	听从教师的建议或指定。 看到别人玩什么，自己也玩什么。 独立确定主题，并能很快进入游戏情境。	
材料的运用	用模拟实物的玩具。 运用替代物游戏。 运用替代物并能以言语或动作替代。	
角色的表现形式	重复个别动作。 出现系列动作且符合角色要求。 角色意识明确并有相应动作，能协调角色间关系。	
创新性	主题情节及材料运用有新颖性、独创性。	
社会性	独自游戏、平行游戏、联合游戏、合作游戏。	
组织能力	在别人带领下游戏。 会出主意使游戏玩下去。 能带领别人玩或教别人玩。	
持续性	游戏呈现间断性（时常走出主题或情景）。 游戏呈现分节型（间断性，但每次游戏时间较长）。 游戏呈现连续性。	
常规	遵守游戏规则，行为有序。	

资料来源：杨枫．学前儿童游戏. 4 版. 北京：高等教育出版社，2022.

幼儿园情景再现

教师的指导对吗？

丫丫芝麻街时间到了，小谦在材料架上拿了烤盘放到地垫上，又去拿了很多串串过来，把串放在了烤盘上，脱了鞋子坐在地垫上；恺恺拿了小盘子坐在小谦旁边对他说：“我们一起吃串串吧！”小谦拿着漏勺在翻炒串串，恺恺说：“有点热了，我们躲到帐篷里面去吧。”两个人脸上带着笑容，拿着烤盘和串串躲进了帐篷里。恺恺手上拿着小盘子，小谦抱着烤盘放在腿上，又开始翻炒食物。这时，教师说：“如果觉得热可以把食物带到帐篷里面去吃。”朱朱从旁边走过来说：“我也要进去。”说完钻进帐篷里，脸上挂着笑容。多多、小葭、宣宣和玥玥，他们拿着餐具坐在地垫上，餐具里没有食物，多多把手塞进杯子里坐着，教师过去提示：“你们可以去拿点吃的，野餐怎么没带吃的呢？”他们还是坐着，没有起来去拿吃的。

（四）以恰当的身份介入游戏，推动游戏情节的发展

在游戏过程中，教师过多的干预会影响幼儿自主性的发挥。教师的指导要有针对性，要选择恰当的介入方式，尽量保证幼儿在游戏中的主体地位。尽量减少游戏过程的中断次数和教师干扰的消极后果。教师指导角色游戏时，既要尊重幼儿的游戏意愿，发挥他们的主观能动性，又要寓教育于游戏之中。这要求教师必须细心观察，把握时机，机智、灵活地介入幼儿的游戏。通常教师介入幼儿游戏的身份主要有教育者的身份、教育者和游戏者相结合的身份以及游戏者的身份。其中最有效、最自然、最受幼儿欢迎的方式是教师以游戏者的身份进入并指导游戏。出现以下几种情况的时候，教师需要介入幼儿游戏：

（1）当游戏内容贫乏时，需要教师画龙点睛地启发、诱导，使幼儿创造出丰富多彩的活动。例如教师观察到在娃娃家里，爸爸、妈妈无所事事，游戏兴趣降低，于是教师扮成邻居去敲门，告诉娃娃家中的爸爸：“听说今天你家宝宝过生日，我一会儿来娃娃家做客。”在教师的推动下，娃娃家里的爸爸和妈妈开始打算开一个生日会，大家一起商讨生日会的节目，游戏的内容得到了进一步的丰富，情节也随之向更深层次发展。

（2）当角色之间有冲突时，教师要及时调节，使游戏有条不紊地进行。例如幼儿在玩“小熊一家”的游戏时，发生了争论。花花认为熊妈妈不应该拿鸭子做早餐给熊宝宝吃，因为鸭子是有生命的。而扮演熊妈妈的君君则说：“熊是国家保护动物，鸭子不是国家保护动物。作为国家保护动物的熊不吃鸭子会死，所以应该吃鸭子。”于是教师扮演小熊，说自己今天不想吃鸭子，请两位幼儿先玩游戏，把问题搁置。等游戏结束时，教师请全班的幼儿参与讨论，启发幼儿回家寻找国家保护动物的资料，借此生成下一个活动的主题。

（3）当幼儿对游戏失去兴趣时，教师要及时帮助幼儿拓展思路，深化游戏主题，提高幼儿对游戏的积极性。娃娃家中禾禾觉得总是哄宝宝睡觉没意思，不想玩了。教师扮作客人到娃娃家做客，拓展出禾禾和教师一起玩接待客人的游戏，激发幼儿兴趣。

（4）游戏的价值取向有误时。例如教师发现佳佳在“超市”里不付钱就拿走了白菜。教师可以过去拿给佳佳几块雪花片说：“发工资了，今天可以到银行取工资了，应该能买不少东西。”以此暗示佳佳可以到银行取钱买东西。

（5）回应幼儿的主动请求。幼儿游戏时常常主动提出请求：“老师我这个做得好看吗？”“老师你看看，这是我做的菜。”在这个时候教师可以给予具体的评价。

幼儿园情景再现

我也要给病人看病

在某幼儿园的大班角色游戏时间里，幼儿选择了“医院”主题进行角色扮演。游戏开始，浩浩扮演医生，妮妮和阳阳分别扮演护士和病人。

一开始，游戏进行得还算顺利，“病人”阳阳捂着肚子来到医院，“医生”浩浩拿出听诊器，有模有样地听了听，然后对“护士”妮妮说：“他肚子不舒服，你去拿点药来。”妮妮便在一旁的“药箱”里翻找起来。

但没过一会儿，问题出现了。妮妮觉得总是拿药太无聊，就想和浩浩一起给病人看病，可浩浩却坚持自己才是医生，不让妮妮插手。两人因此起了争执，声音越来越大，阳阳在一旁不知所措。

李老师一直在旁边观察着幼儿的游戏情况，她觉得介入的时机到了。李老师以“医院院长”的身份加入游戏，她笑着说：“哎呀，怎么这么吵呀？这可不像我们正规医院的样子呢！”听到“院长”来了，浩浩和妮妮都安静了下来。李老师接着说：“我知道你们都想为病人好好服务，不过医院里医生和护士都有不同的分工，只有一起合作，才能把病人照顾好，你们说对不对呀？”

浩浩和妮妮听了，若有所思地点点头。李老师又说：“比如，医生负责诊断病情，护士除了拿药，还可以帮忙量体温、照顾病人休息，这样分工合作，医院才能运转得更顺利呢！”

在李老师的引导下，浩浩和妮妮重新分配了任务，又开心地玩了起来。游戏结束后，李老师还鼓励幼儿一起讨论，丰富了“医院”的游戏情节，如增加了挂号、缴费等环节，让整个游戏更加生动有趣。

真题链接

选择题

在角色游戏中，教师观察幼儿能否主动协商处理玩伴关系，主要考察的是（　　）。

A. 幼儿的情绪表达能力　　B. 幼儿的社会交往能力

C. 幼儿的规则意识　　D. 幼儿的思维发展水平

（2018 年上半年国家教师资格考试《保教知识与能力》真题）

答案

B

真题链接

材料分析

小班角色游戏时，李老师发现豆豆经常会倒提起布娃娃，边打边说：“你不乖，我打你，你再哭，我还打！”

问题

请你分析出现上述现象的主要原因，针对上述情况，教师可采取哪些做法？

（2023 年上半年国家教师资格考试《保教知识与能力》真题）

答案解析

1. 出现上述现象的原因主要有：

（1）家庭因素影响。在生活中，有些父母的育儿态度体现出专制、惩罚的行为，幼儿会进行模仿，导致在游戏中进行体现。材料中幼儿对娃娃说“你不乖，我打你，你再哭，我还打！”可能是家庭因素的影响。

（2）影视环境影响。材料中幼儿的做法可能来源于对电视的模仿。

（3）个体因素。由于幼儿的个性以及情感、社会性等不同，幼儿在对游戏的兴趣等方面也会表现出不同。材料中的幼儿体现出对娃娃的攻击性行为，可能与自身的气质类型、交往方式有关系。

（4）挫折。挫折是幼儿引起攻击性行为的直接原因，幼儿在生活中遭到不公平待遇就会产生挫折感。材料中幼儿对娃娃采取了攻击性行为，可能是受到了挫折，无处发泄内心情绪。幼儿可能在家的时候就已经出现了这样的行为，但是父母并未理会，所以导致了幼儿打人的行为增加，在幼儿园又出现了相似行为。

2. 针对上述情况，教师可以采取以下几种做法：

（1）教师应及时进行指导并介入幼儿游戏。教师可以平行游戏法指导游戏，也可以游戏中的角色身份加入游戏，在与幼儿游戏的过程中达到指导的目的。

（2）以关怀、接纳、尊重的态度与幼儿交往。耐心倾听，努力理解幼儿受挫时的想法与感受。关注幼儿平时的表现，尽量满足幼儿合理的心理需要，减少其受挫心理。

（3）善于发现游戏中所隐含的教育价值，把握时机，积极引导。引导幼儿正确对待他人，努力为幼儿提供宣泄内心压力的方式，减少其对攻击性行为的模仿与强化。成人应提高自身素质，为幼儿树立榜样，避免简单粗暴地对待幼儿。

（4）关注该幼儿的特殊需要和发展障碍，与家庭密切配合，必要的情况下可采取家访的方式，进一步了解家庭教养方式，并帮助家长树立正确的教养观念。

真题链接

简答题

简述角色游戏活动中教师的观察要点及其目的。

答案解析

角色游戏是幼儿期最典型、最有特色的一种游戏。教师对于角色游戏的观察是多维度的，不同年龄班，角色游戏的观察要点和目的也不一样，具体表现如下：

1. 大班观察要点：游戏主题能否主动反映幼儿生活经验和人际关系，合理地按照自己的意愿计划游戏，解决问题的能力是否提高。

目的：培养幼儿的独立性、创造性。让幼儿相互学习，拓展思路，不断提高角色游戏水平。这也是角色游戏的高级水平。

2. 中班观察要点：游戏主题是否稳定，有没有与别人交往的愿望，是否具备交往的技能，发生纠纷的情节和原因。

目的：指导幼儿学会并掌握交往技能和规范，促进幼儿与同伴的交往，在游戏中解决简单的问题，引导幼儿分享游戏经验。这是角色游戏的中级水平。

3. 小班观察要点：游戏内容是否重复操作、摆弄玩具、主题单一、情节简单。

目的：注意规则意识的培养，让幼儿在游戏中学会独立。这是角色游戏的初级水平。

真题链接

材料分析

角色游戏中，大二班在教室里开展“理发店”主题游戏，教师为了提升幼儿的游戏水平，主动为幼儿制作了理发店价目表（见下图）。

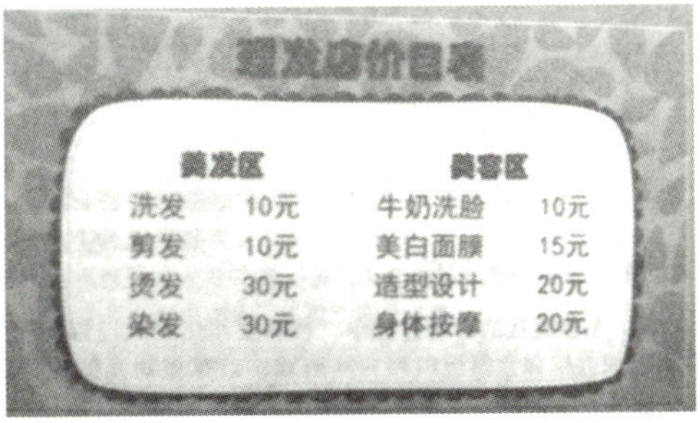

理发店价目表

问题

请结合你对角色游戏的理解，分析教师制作价目表这一做法是否适宜，并提出建议。

答案要点

1. 大二班的主题设计是比较好的，但是制作价目表是不合理的。

角色游戏是幼儿通过扮演角色，运用想象，创造性地反映个人生活印象的一种游戏，通常都有一定的主题。角色游戏是幼儿期最典型、最有特色的游戏。大班的角色游戏的特点是游戏主题新颖，内容丰富，能主动反映多种生活经验和较为复杂的人际关系，处于合作游戏阶段，能按自己的愿望主动选择并有计划地游戏，在游戏中自己解决问题的能力较强。材料中教师设计了主题角色游戏，符合幼儿的年龄特点，但是价目表的设定就限制了幼儿的想象以及对角色、对生活的反映，所以是不合理的。

2. 建议：

（1）让幼儿自主参与游戏准备活动。教师应根据幼儿游戏的特点，引导幼儿一起结合自己的经验商定理发店内的不同服务内容及其价格，培养幼儿自己解决问题的能力。

（2）多用语言指导游戏，在游戏中培养幼儿的独立性。观察幼儿游戏的种种意图，给幼儿提供开展游戏的机会和必要帮助，鼓励幼儿在游戏中的点滴创造，促进幼儿相互学习，拓展思路，不断提高角色游戏水平。

真题链接

材料分析

小班幼儿在角色游戏区域活动。文文在“邮局”里无所事事，摆弄一个称重器。在此之前，幼儿们没有“邮局”的相关经验。教师看到这种情况，拿了一个盒子走过去，对文文说：“我想把这个寄到超市去（旁边有超市游戏区），你能帮我称一下吗？”文文马上接过盒子，放在称重器上，看了一下，说：“100克！”教师问：“多少钱？”“10元。”教师付了钱，文文立刻把盒子送到了隔壁的“超市”。接着，有几个幼儿也学着教师的样子要将一些东西寄到旁边的“医院”“美容院”“娃娃家”，“邮局”变得热闹起来。

问题

请分析在这个案例中，教师是如何干预幼儿游戏的。

答案解析

案例中，教师使用了内在干预的方法。教师通过细心观察，发现文文在“邮局”里无所事事，周围也没有玩伴，采取亲自走进幼儿游戏的方式，以自己的行为带动幼儿的游戏进程。虽然没有直接告诉幼儿怎么做，但教师巧妙地采用了和幼儿一样的角色进入游戏。这种以游戏内部角色身份进入幼儿游戏，以游戏情节需要的角色动作或语言引导幼儿游戏的行为就是内在干预，属于教师对游戏的间接指导。教师干预的结果是有效的。这就充分说明，教师的这种干预有效地示范了游戏的玩法，起到了明显的指导作用，影响了周围的幼儿，幼儿竞相模仿，“邮局”变得热闹起来。

真题链接

材料分析

李老师发现大班“理发店”的顾客很少，于是带幼儿到现实中的理发店参观，看理发店的设施，鼓励幼儿向理发师咨询问题，同时记录幼儿的问题，还拍下照片。幼儿在理发店看到顾客躺着洗头、理发师给顾客梳理发型等。回到幼儿园，李老师组织幼儿讨论“如何开好理发店”，并展示照片让幼儿回顾，有的幼儿反映没有躺椅，有的反映没有发型梳，李老师则启发幼儿自己用积木做躺椅，自己画发型。之后，“理发店”生意红火起来。

问题

请分析案例中教师采用了哪些策略来支持幼儿的游戏活动。

答案解析

教师指导游戏就需要介入到幼儿的游戏当中，介入的目的是引导幼儿继续游戏，促进幼儿游戏向高一级水平发展，从而提高游戏质量，促进幼儿社会性发展。在这个案例中，教师采用的是外部干预的介入方式来指导游戏，外部干预是指教师并不直接参与游戏，而是以一个游戏外的角色，引导、说明、建议、鼓励游戏中幼儿的行为。

该案例中，李老师采用了如下策略来支持幼儿的游戏活动：

1. 注意观察幼儿，及时帮助幼儿记录与总结角色游戏中的突出特点。

李老师观察游戏中幼儿的表现以及游戏主题和材料的使用情况，发现问题后利用参观实体店的方式，丰富幼儿的生活经验。另外，还让幼儿通过参观、记录、提问的方式发现问题，自己制作躺椅、自己画发型来参与游戏。通过这些不断充实和深化幼儿角色游戏。

2. 以交流体验为媒介。

李老师引导幼儿自发地进行交流（幼儿向理发师咨询问题，记录幼儿的问题），积极地表达情感，共解难题，进一步为幼儿提供表现和交往学习的机会。在游戏前李老师再次鼓励幼儿自发交流，讨论如何解决游戏中出现的问题，改变了过去只是教师对幼儿进行讲解传授的片面做法，突显了幼儿在整个游戏过程中的主体地位，更有利于幼儿独立创造的个性和社会性人格的发展。

真题链接

材料分析

中班角色游戏中，有幼儿提出要玩“打仗”游戏，他们在材料柜里翻出好久不玩的玩具吹风机当“手枪”、仿真型灯箱当“大炮”，“嗒嗒”地打起来，玩得不亦乐乎。李老师看到此情景非常着急，连忙阻止：“这是‘理发店’的玩具，不能这样玩。”

问题

1. 李老师的阻止行为是否合适？请说明理由。

2. 如果你是李老师，你会怎么做？

（2020 年下半年国家教师资格考试《保教知识与能力》真题）

答案解析

1. 李老师阻止的行为是不合适的。

幼儿喜欢游戏，游戏是幼儿生活的主要内容。幼儿游戏的本质属性是自主性。幼儿总是在自己的能力和兴趣的基础上，自己来选择和决定玩什么游戏、和谁玩游戏、用什么材料来游戏。这体现了幼儿游戏自主性的特点。同时幼儿的游戏是现实生活与想象活动相结合的结果。材料中幼儿将玩具吹风机当“手枪”、仿真型灯箱当“大炮”，体现了幼儿在角色游戏中对于游戏材料的想象，是一种正常现象。

教师对于幼儿游戏的介入与指导应在观察的基础上把握好介入时机、角色定位及方式方法，要保证幼儿自主自愿地参与游戏。题干中李老师能及时发现幼儿在游戏过程中出现的情况是值得肯定的。但是选择在幼儿快乐玩耍时介入，打断幼儿游戏，选择的时机不恰当；同时选择了以教师的身份进行指导，容易影响幼儿在游戏过程中的想象，使幼儿丧失游戏的兴趣，因此是不恰当的。

2. 教师应合理支持和指导游戏的开展，如果是我遇到这样的情况，我会这样做：

首先，我会在保证幼儿安全的前提下给予幼儿充分利用材料进行想象的空间，鼓励幼儿的创造性；其次，为幼儿提供符合“打仗”这一主题的其他材料，推进并时刻关注幼儿游戏的进程，巧妙提出合理化建议，共同探索游戏奥秘；最后，在游戏结束之后，多提供丰富的可转换材料投放在活动区，引导幼儿利用材料一物多玩，激发幼儿的探索兴趣，培养幼儿的创造性和想象力。

三、角色游戏的结束工作

（一）愉快地结束游戏，培养幼儿对游戏的兴趣

教师应选择幼儿游戏兴趣尚未低落时结束游戏。一般结束游戏的时候，要给幼儿一定的时间准备。教师可以用语言直接提示：“时间沙漏的沙子漏完，游戏结束。”也可以用音乐来代替结束的信号，还可以用角色的身份结束游戏，如：“餐厅要下班了，请顾客们陆续离开。”

（二）教育、鼓励、督促幼儿收拾玩具场地，培养幼儿良好的习惯

游戏结束后，教师应带领小班的幼儿收拾玩具，并教会幼儿整理游戏场地的方法。鼓励中大班的幼儿独立收拾玩具和游戏材料，教育幼儿懂得合作与互助，共同收拾场地。

（三）组织幼儿评价游戏

游戏评价一般由教师和幼儿共同参与，主要是针对游戏的内容和幼儿在游戏中的表现进行简短的、恰当的评价。它可以是幼儿自评、互评，也可以是教师引导下的讨论。这不仅是一个经验分享的过程，还是一个引导幼儿发现问题、解决问题的过程。

角色游戏的评价重视过程而不注重结果。游戏评价的重点是幼儿在游戏过程中积极性、创造性的发挥情况。对幼儿每一点有价值的创新都要予以肯定，而不应注重幼儿做了多少事情等结果。游戏评价中能力与品德并重，在肯定幼儿独立创新意识的同时，让幼儿知道人与人之间美好的感情是最重要的，重点评议幼儿在团结友爱、互相帮助、尊老爱幼等社会公德方面的表现，表扬那些有同情心、能热心帮助他人的幼儿。教师要注意幼儿在角色游戏中表现出来的社会负面因素对幼儿的不良影响，坚持正能量教育，陶冶幼儿的心灵。

教师指导幼儿角色游戏的目的在于提高幼儿角色游戏的水平，进而促进幼儿各方面发展。角色游戏水平的提高主要从以下几方面来衡量和评价。

1. 角色扮演水平提高

幼儿角色扮演水平分为几个阶段：第一阶段，幼儿不能意识到自己所扮演的角色，只满足于摆弄物体和反复进行同样的动作；第二阶段，幼儿开始意识到自己所扮演的角

色，但是经常会转移注意，不能始终按照角色的要求行动；第三阶段，幼儿角色意识明确，能够按照角色要求行动，但还不能与其他角色进行有效的配合；第四阶段，幼儿的角色意识明确，而且能够协调角色之间的关系，角色之间相互配合互动，已满足合作游戏的需要，并能实现游戏的目的。教师要观察幼儿，指导幼儿逐步提高角色扮演水平。

2. 游戏内容不断扩展与丰富

幼儿游戏的内容包括主题和情节两个方面。游戏主题是指在游戏中所反映的社会现象；游戏情节是指主题的展开以及游戏中的具体活动过程。幼儿游戏主题的范围由所熟悉的家庭或幼儿园的生活，逐渐扩大到社会生活，这一过程离不开教师的指导，游戏的教育作用也体现在此。教师有意识地扩展幼儿的生活经验，游戏前让幼儿预先了解某一社会情景，游戏中和游戏结束时评价纠正，逐渐使幼儿角色游戏的主题由简单的、自由的到复杂的、有目标的，游戏情节由零散、片段到出现系列，并逐渐丰富和富有创造性。

例如，在以“餐厅”为主题的角色游戏中，教师在游戏结束后，让幼儿分享自己在游戏中的感受和体会，评价自己和同伴在游戏中的表现，指出游戏中的优点和不足，并提出改进的意见和建议。教师也可以给予幼儿一些反馈和评价，如“你们在游戏中扮演的角色都很生动，你们的游戏情节也很有趣，我很喜欢你们的游戏。不过，你们在游戏中有没有遇到一些问题呢？比如，你们的菜单上有没有写清楚每道菜的价格呢？服务生有没有给顾客推荐一些优惠活动呢？厨师有没有注意食品的卫生和安全呢？你们觉得你们可以怎样改进你们的游戏呢？”这样幼儿不仅能够得到教师的肯定和鼓励，还能够反思自己的游戏过程，提高游戏的质量和水平。

3. 使用材料与玩具能力发展

在角色游戏中，幼儿使用什么样的材料与玩具作为替代物，体现了其想象力水平。幼儿使用材料和玩具表现为几个阶段：第一阶段，幼儿模仿性强，要和别人玩一样的，会争抢同伴的玩具材料；第二阶段，幼儿能够根据自己的兴趣使用形象性比较强的实物材料；第三阶段，幼儿能够按照角色要求使用与真实物体具有相似外形的替代物；第四阶段，幼儿能够不拘泥于材料外形上的相似，有时还能够借助于想象力用语言来替代，如不用水杯，只用“我咕咚咕咚喝水”来表现真实的喝水。不同年龄段幼儿玩角色游戏时教师提供的材料应该不同。高水平的角色游戏中，幼儿具有丰富的想象力，材料作为替代物不再拘泥于相似度的要求。

4. 语言与社会能力发展

幼儿在语言与社会能力发展上，依次经过这几个阶段：第一阶段，平行游戏阶段，游戏时幼儿各玩各的，很少有语言沟通，主要是自言自语；第二阶段，幼儿开始进行联合游戏，并能够进行简单对话，对话的内容围绕材料展开，如对材料的借还、对游戏结果的评价；第三阶段，幼儿开始合作游戏，幼儿能够依据游戏情节的发展和角色身份进行有意义的沟通，同时能够在游戏外以自然身份进行沟通，即能自觉出入游戏内外。最高水平的游戏就是幼儿出现合作行为，教师要通过各种办法促进幼儿游戏时的沟通合作，提高幼儿游戏的社会性。

四、角色游戏的指导要点

（一）小班角色游戏指导要点

1. 小班角色游戏的特点

小班幼儿的思维有直观行动和具体形象性的特点，角色游戏主要直接依赖玩具。小班幼儿正处于平行游戏的高峰期，喜欢和同伴玩同样或相似的游戏；游戏时没有组织者，角色之间缺乏合作；游戏没有明确的主题，往往是重复某个同样的动作；幼儿在游戏的时候往往意识不到自己正在扮演角色。

2. 小班角色游戏的指导

教师要为幼儿提供种类少、数量多且形状相似的逼真的成型玩具。提倡教师以角色的身份参与游戏，以游戏角色的口吻来指导幼儿，帮助其明确主题和角色。例如，在“娃娃家”游戏中，教师说“宝宝，妈妈回来啦，今天给你买了好吃的！”带动幼儿进入游戏情境；当幼儿发生冲突时，教师及时介入，用简单易懂的语言引导幼儿表达感受，如“你是不是很想玩这个玩具呀？那你可以问问他能不能一起玩？”帮助幼儿学会解决问题。引导幼儿与同伴进行各种游戏内外的交往，同时注意游戏常规的培养。培养幼儿独立游戏的能力，这里的独立游戏能力不是独自游戏，而是自主自愿地游戏，自己决定玩什么、怎么玩。

（二）中班角色游戏指导要点

1. 中班角色游戏的特点

中班角色游戏的内容比小班丰富，持续的时间也长。但游戏主题还不稳定，经常出现半路换场景的现象，游戏情节也比较简单。中班幼儿有较强的角色意识，大多处于联合游戏的阶段，他们有了与同伴交往的愿望，但交往技能还比较欠缺，常常与同伴发生纠纷。

2. 中班角色游戏的指导

教师应在提供成型玩具的基础上，增加半成品以及废旧物品材料的提供。引导幼儿拓展游戏主题，设计游戏情节，学会分配角色，加深对角色的理解，引导幼儿在游戏中学会解决简单纠纷，掌握交往技能以及相应的规范。例如，教师说：“你们都有自己的想法，那我们一起想想，怎么安排才能让餐厅更好地营业呢？”引导幼儿开展讨论，在讨论中寻找答案，解决问题。

（三）大班角色游戏指导要点

1. 大班角色游戏的特点

大班角色游戏内容丰富，主题新颖多样，角色增多，并能反映较为复杂的人际关系。游戏的独立性、计划性、合作性加强，幼儿能够按照自己的意愿主动选择并有计划地游戏，游戏规则也更为复杂。大班游戏处于合作游戏阶段，幼儿喜欢并且善于和同伴一起游戏，解决问题的能力进一步加强。

2. 大班角色游戏的指导

教师应着重培养幼儿独立开展游戏的能力，多用提问、建议等语言形式指导游戏。关注幼儿的合作程度，引导幼儿在游戏中展开更多、更深入的沟通交流。例如，在“超市游戏”中，教师以启发式提问引导幼儿思考解决方案，如“超市最近购物的人比较多，人手不够，你们觉得可以从哪些方面着手来解决这个问题呢?”在游戏评价环节，教师应给予幼儿更多表现的空间，培养他们分析问题和评价游戏的能力。

幼儿园情景再现

忙碌的甜品店

甜品店中的幼儿都在忙忙碌碌地“做甜品”。教师发现店里没有顾客，决定以顾客的角色加入游戏中，并向做甜品的幼儿提出“今天店里有什么招牌甜品吗?有促销活动吗?”等问题。接着，教师引导幼儿绘制菜单和宣传广告，并建议他们增加“服务生”这一角色。教师的加入成功激发了幼儿的兴趣，随着角色变得更加丰富，游戏深度也逐渐加深，游戏内容也愈发丰富，幼儿会自主联想生活情境和经验，更加顺畅地进行后续的游戏。

真题链接

选择题

小班常常出现在同一个娃娃家中，有许多“妈妈”在烧饭，每位幼儿都感到很满足。这反映小班幼儿游戏行为特点是（　　）。

A. 喜欢模仿　　　　B. 喜欢合作

C. 协调能力差　　　D. 角色意识弱

(2018 年下半年国家教师资格考试《保教知识与能力》真题)

答案

A

答案解析

小班幼儿游戏方式是以平行游戏居多，体现了小班幼儿喜欢模仿的特点。

真题链接

材料分析

莉莉和小娟玩游戏，她们想让 5 个娃娃睡觉，但是没有小床，于是她们找到纸盒做小床。莉莉说：“床不够。”小娟挑出 2 个长头发的娃娃说：“她们长大了，不用睡午觉了。”莉莉说：“好的。”然后将 3 个需要睡觉的娃娃中最大的一个放在中等大的盒子里，小娟试图把中等大的娃娃放在最小的盒子里，但放不进去，于是莉莉说："换一换。"然后将最小的娃娃放在了最小的盒子里，中等大的娃娃放在中等大的盒子里，最大的娃娃放在最大的盒子里。小娟说："娃娃们，好好睡觉吧。"

问题

1. 从学习与发展的角度，分析上述案例中莉莉和小娟的行为。
2. 这次游戏后，教师应当如何支持莉莉和小娟的学习与发展。

答案解析

1. 材料中，莉莉和小娟反复尝试，在不断尝试后终于将娃娃们安置好，说明幼儿以直觉行动思维为主。直觉行动思维是在对客体的感知中、在自己与客体的相互作用中进行的思维，具有直观性和行动性，缺乏行动的计划性和对行动结果的预见性。

2. 教师在教育教学中要注意遵循幼儿思维发展的规律，并多为幼儿提供操作和活动的机会，发展幼儿的思维。教师要理解现阶段幼儿的学习方式和特点。幼儿的学习是以直接经验为基础，以直觉行动思维为主，在游戏和日常生活中进行的。要珍视游戏和生活的独特价值，创设丰富的教育环境，合理安排一日生活，最大限度地支持和满足幼儿通过直接感知、实际操作和亲身体验获取经验的需要，并多为幼儿提供操作和活动的机会，拓展幼儿的思维。

真题链接

材料分析

大班的洋洋想玩"摸奖"游戏，他画了很多奖券，还大声叫嚷："快来摸奖呀！特等奖自行车一辆！"童童在洋洋那里摸到了特等奖，洋洋推给她一把小椅子，告诉她："给你，自行车！"童童高兴地骑上去。强强也来了，也在洋洋那里摸到了特等奖，洋洋还是推给他一把小椅子，强强也很高兴地骑上去，两脚模仿着踩踏板的动作，蹬个不停。老师也来了，洋洋高兴地让老师摸奖，结果老师也摸到一个特等奖。洋洋迫不及待地把一把小椅子推给老师，还说道："恭喜恭喜，你摸到一辆自行车！"老师却说："你这自行车一点儿也不像，怎么没有轮子呀？应该给它装上轮子！"洋洋低头看看自己的"自行车"，愣住了。在接下来的时间里，洋洋忙着按老师说的给他的"自行车"装上轮子，"摸奖"活动也停了下来……

问题

1. 教师对洋洋游戏的干预合适吗？
2. 请对洋洋的游戏方式和教师的干预方式做出分析和判断。

答案解析

1. 教师对洋洋游戏的干预是不合适的。

2. 在这个案例中，洋洋用小椅子替代自行车，来实现他"摸到特等奖"的情节构思，这种游戏方式有利于幼儿的认知、个性、情感和创造力的发展。幼儿能够成功地以物代物，反映了幼儿象征思维的发展。替代物与被替代物越不像，越具有符号抽象意义。而教师以角色身份对洋洋所选择的替代物提出了质疑，认为小椅子不像自行车，试图引导幼儿按真实的样子加以改装，结果阻碍了幼儿的游戏想象，中断了幼儿原来的游戏情节，削弱了幼儿在游戏中的创造欲望和创造行为。因此，这种干预是不合适的。

参考阅读

中班角色游戏“十字路口”

观察要点

1. 观察幼儿能否自主创设十字路口的游戏场景。
2. 观察幼儿能否认识常见的交通标志，并根据标志进行游戏。
3. 观察幼儿能否在游戏中与同伴友好协商，遵守游戏规则。

游戏准备

1. 经验准备：幼儿已了解路口常见交通标志的实际意义。
2. 材料准备：各种交通标志牌、玩具汽车和三轮车等。
3. 环境创设：在较为空旷的场地创设“十字路口”的场景。

指导建议

（一）游戏开展前

1. 教师与幼儿一起观察“十字路口”的场景，引导幼儿讨论：这个地方需要哪些标志？进一步强化幼儿对常见的交通标志的认知。

2. 教师与幼儿一起讨论：在这个“十字路口”开车，应该怎么注意安全？

（二）游戏过程中

1. 参考流程：幼儿在创设好的场景中，根据意愿和需要，共同商量哪些地方需要什么标志，并摆放适宜的标志。幼儿可进行交通警察、司机、行人等角色分配，在创设好的游戏场景中进行游戏。

2. 教师应关注幼儿标志摆放的位置是否正确，可以以交通警察的身份引导幼儿发现交通标志设置是否合理，并在游戏中提醒幼儿控制车速，遵守规则。

（三）游戏推进策略

可根据幼儿的经验发展，丰富“十字路口”的道路情况，如增加机动车道、非机动车道、人行横道等，让幼儿能够按照自己的角色，根据交通标志的提示开展游戏，增添游戏趣味。对游戏中出现的交通事故，可在游戏分享环节与幼儿展开讨论，进一步巩固幼儿对交通标志的认知，增加幼儿应对交通事故的能力，提升幼儿的安全意识。

资料来源：“福建省幼儿园教师教育用书”编写委员会．领域活动指导：中班下册．福州：福建人民出版社，2017.

大班角色游戏“体检中心”

观察要点

1. 观察幼儿能否积极参与游戏，能否区别“体检中心”游戏与“医院”游戏的不同。

2. 观察幼儿在游戏中能否主动布置“体检中心”的游戏场景。

3. 观察幼儿能否了解“体检中心”里的角色，明确自己的角色职责。

4. 观察幼儿能否正确理解体检表并根据体检表开展游戏。

5. 观察幼儿能否和同伴合作，并主动、有礼貌地交流、沟通。

6. 观察幼儿能否在游戏中遵守规则，协商解决问题。

7. 观察幼儿能否在游戏结束时主动归类、整理玩具。

游戏准备

1. 经验准备：幼儿有“医院”角色扮演的经验和参加过体检的经历。

2. 材料准备：各个体检室的标志、体检表、身高尺、体重秤、体检程序图、视力表、玩具心电图机等。

3. 环境创设：在角色区域原有“医院”的基础上，增设“体检中心”。

指导建议

（一）游戏开展前

1. 与幼儿回顾已有经验：你们体检过吗？体检有哪些项目？你们还知道其他的体检项目吗？体检中心里有哪些工作人员？他们分别干什么？

2. 引导幼儿自由选择角色，如体检人员、医生和护士。确定角色后，出示不同的体检工具，引导幼儿认识并学习使用这些工具（身高尺、体重秤、视力表、玩具心电图机等）。

3. 引导幼儿熟悉体检表，了解体检表的内容。

4. 通过谈话活动引导幼儿明确体检中心接待的客人是健康的人，与医院接待的病人不同。

（二）游戏过程中

1. 参考流程：体检人员进入体检中心后，先到咨询室由护士协助自己挑选体检的项目，领取体检表，然后到各体检项目的门口排队等候，轮到自己后进入体检室进行体检，等所有的项目都体检完成后，取体检报告。

2. 在适当的时候，教师以体检人员的身份参加游戏，暗示幼儿应礼貌友善地对待体检人员。

3. 指导扮演医生和护士的幼儿用图画和符号正确填写体检表，扮演体检人员的幼儿按体检表一个项目一个项目地体检。

（三）游戏推进策略

1. 在幼儿熟悉“体检中心”游戏后，可以和“医院”游戏相结合，丰富游戏的内容。

2. 在游戏推进中，除了可以增添体检项目以外，还可以增加“上门体检”“一站式体检”等内容，充分尊重幼儿的想法。

资料来源：“福建省幼儿园教师教育用书”编写委员会．领域活动指导：大班下册．福州：福建人民出版社，2017.

学习小结

学

1. 阅读教材，完成本单元任务。

2. 扫码观看本单元微课。

微课
角色游戏的特点及教育作用

微课
室内游戏区角建设

微课
户外游戏场地创设

微课
角色游戏指导环节

微课
各年龄段角色游戏指导要点

做

1. 到幼儿园见习，选一个活动室画出室内游戏区域。根据所学知识进行评价。

2. 做本单元过关题。

3. 到幼儿园见习，使用表 2－2 观察记录一次角色游戏区域的活动。对幼儿在角色游戏中的表现进行评价。

表 2－2　幼儿园角色游戏观察记录表

记录项目	观察记录内容	备注
幼儿园及班级信息		
记录时间		
游戏主题		
本次游戏前的游戏经验		
角色及分配情况		

续表

记录项目	观察记录内容	备注
材料及使用情况		
游戏情节发展情况		
游戏过程中的师幼情况		
整理与评估环节		

一线教师笔记

角色游戏观察记录

思

1. 讨论本单元学习心得。
2. 思考幼儿角色游戏为什么是幼儿期最典型的游戏。

推荐阅读

教育部基础教育司．游戏·学习·发展：全国幼儿园优秀游戏活动案例选编．北京：人民教育出版社，2020.

推荐理由：此书所介绍的游戏案例经过中国学前教育研究专家进行独立评审，从 2 900 多个案例中遴选出 130 个优秀案例，再从 130 个优秀案例中选出 32 个有代表性的案例集结成此书，可读性极强。

育德明心

中国民间传统

角色游戏介绍

过关题

单项选择题

1. 下列关于游戏环境的创设，哪个做法不对？（　　）

A. 游戏环境应具有幼儿参与性

B. 游戏活动室应准备齐全所有幼儿游戏材料

C. 游戏场地的安排应注意相对集中，互相协调，互不干扰

D. 游戏环境蕴含了教师的教育意图和观念

2. 为小班幼儿设置室内游戏活动区，应注意（　　）。

A. 提供的材料应体积稍小，同类材料数量较少

B. 提供的材料应体积稍大，同类材料数量较多

C. 可以专门增设棋区等智力活动类的活动区

D. 应提供拼图及结构复杂的积塑、数字卡等较复杂的操作材料

3. 角色游戏的准备是游戏指导的前奏，其核心是（　　）。

A. 丰富幼儿的生活经验

B. 提供适合的场所、设备及丰富的玩具、游戏材料

C. 帮助幼儿创设游戏情境

D. 帮助幼儿选择适合的游戏主题

4. 幼儿角色游戏的源泉是（　　）。

A. 日常生活活动内容　　B. 幼儿现实生活的印象

C. 教师成人的榜样　　D. 教师讲述的经验

5. 幼儿园的“小医院”游戏属于（　　）。

A. 结构游戏　　B. 表演游戏　　C. 角色游戏　　D. 智力游戏

6. 幼儿期最典型、最有特色的一种游戏是（　　）。

A. 角色游戏　　B. 结构游戏　　C. 体育游戏　　D. 智力游戏

7. 学前幼儿按照自己的意愿，以模仿和想象借助真实或替代的材料，通过角色扮演创造性地再现周围生活的游戏是（　　）。

A. 表演游戏　　B. 结构游戏　　C. 智力游戏　　D. 角色游戏

8. 中班幼儿角色游戏指导时，教师在提供成型玩具的基础上应该（　　）。

A. 增加半成品以及废旧物品材料的提供

B. 提供数量多但种类少、体积大的玩具

C. 不提供玩具材料，让幼儿自己做

D. 提供精致的玩具

9. 下列属于幼儿园常见的效率最高的活动组织形式是（　　）。

A. 集体活动　　B. 小组活动　　C. 个别活动　　D. 协作学习

10. 佳佳抱着娃娃找到老师说："老师，你看宝宝生病了。"老师最佳的做法是跟佳佳说（　　）。

A. 自己想办法，不要什么事都找老师

B. 是呀，病得这么厉害，那我们该怎么办呢

C. 赶快抱到隔壁医院去看病呀

D. 不要找我，去找明明，他是医生

本单元思维导图

- 角色游戏
  - 什么是角色游戏
    - 概念
      - 属于象征性游戏
      - 幼儿期典型游戏
      - 属于创造性游戏
    - 特点
      - 社会性
      - 特殊的想象活动
      - 高度的独立自主性
    - 作用
      - 促进想象力与思维能力的发展
      - 培养社会交往能力
      - 培养积极情感
  - 角色游戏的环境创设
    - 幼儿园区域设计要求
      - 区域界线标识明显
      - 动静分开
      - 独立性、开放性并重
      - 为功能设计环境
      - 材料摆放方便拿取
    - 角色区域设计要求
      - 生活化
      - 空间大小适宜、环境多元
  - 角色游戏的组织与指导
    - 准备
      - 丰富生活经验
      - 场所适合、材料丰富
      - 时间充足
    - 过程
      - 鼓励幼儿提出游戏主题
      - 引导幼儿分配及扮演角色
      - 观察表现，适时教育
      - 介入游戏，推动情节发展
    - 结束
      - 愉快结束
      - 收拾玩具、场地，培养常规
      - 评价游戏
        - 扮演水平提高
        - 内容丰富
        - 材料的使用能力发展
        - 语言和社会能力发展
    - 各年龄班指导要点
      - 小班
      - 中班
      - 大班

第三单元

表演游戏

知识目标

1. 了解表演游戏的概念和特点
2. 懂得表演游戏、角色游戏、戏剧表演的区别
3. 理解常见的表演游戏种类
4. 了解表演游戏的教育功能

能力目标

1. 能够根据幼儿的年龄特点选择适合幼儿表演的作品
2. 能够依据不同年龄段幼儿的特点，组织开展表演游戏的环境创设
3. 能够进行各年龄段表演游戏指导

素养目标

热爱身边真善美的事物，能够通过表演游戏的形式对幼儿进行真善美的教育，培养幼儿爱劳动、关爱他人、遵守规则、善良勇敢等良好品德的重要性

任务索引

任务描述

今天的表演游戏是“小羊和狼”。中班王老师请愿意参加游戏的幼儿举手，幼儿都没有举手。老师问：“没人要参加吗?”几位幼儿说：“我们上次已经演过了，不想演了。”其他幼儿都不回答。王老师很奇怪：为什么大家都不感兴趣呢？自己为了让幼儿投入这个游戏里，花了很多的时间和精力制作道具、研究剧情。相比其他游戏自己花了更多的时间和精力，效果却不好，这是为什么呢？表演游戏和其他游戏相比，教师要花更多的精力去准备，这是某些幼儿园不愿过多开展表演游戏的原因。那么，开展表演游戏对幼儿有哪些帮助？教师要如何激发幼儿的兴趣？幼儿在表演游戏的过程中，教师要做些什么呢？带着这些问题，我们开始本单元的学习。

第一节 表演游戏的理论概述

目前一些幼儿园对开展表演游戏热情不高，因为开展表演游戏相较于其他游戏，需要教师投入大量的时间和精力。然而我们经常看到幼儿看完一部动画片会自发地模仿片中的主角，他们挥舞着金箍棒扮演孙悟空、戴着面具扮演奥特曼……表演游戏深受幼儿喜爱，在幼儿园应有一席之地。

一、表演游戏的概念

表演游戏是以一定的童话、故事为依据，借助想象、道具和材料，通过语言、动作、表情等对作品内容进行创造性表现的游戏。表演游戏与角色游戏、结构游戏合称三大创造性游戏。表演游戏的开展是幼儿自主探索发现的过程，是幼儿以想象为中心，主动地、创造性地反映作品内容的游戏。游戏中幼儿所依据的童话、故事等文学作品，允许幼儿进行创造性表现。

图 3－1 为幼儿表演游戏“菜园里的青菜精灵”。

图 3－1 幼儿表演游戏“菜园里的青菜精灵”

真题链接

选择题

幼儿通过塑造角色表现文艺作品内容的游戏是（　　）。

A. 角色游戏　　B. 结构游戏　　C. 智力游戏　　D. 表演游戏

（2021 年上半年国家教师资格考试《保教知识与能力》真题）

答案

D

（一）表演游戏与角色游戏的区别

表演游戏与角色游戏都属于创造性游戏，游戏时幼儿都通过模仿和想象扮演角色。它们的区别主要有以下两点。

1. 主题来源不同

角色游戏的主题主要源自幼儿日常生活的经验，表演游戏的主题则来自文学作品或幼儿自己编创的故事。例如，“西游记”是一个常见的表演游戏主题，幼儿会依据《西游记》中唐僧师徒四人取经途中的各种故事来开展游戏，如“三打白骨精”“大闹天宫”等具体情节，幼儿扮演其中的孙悟空、唐僧、猪八戒、沙僧等角色，按照原著中的情节和角色特点进行表演。又如，幼儿围绕“去餐厅吃饭”为主题开展角色游戏，这个主题完全基于幼儿自己去餐厅吃饭的经历和印象。在游戏中，幼儿可能会设置顾客、服务员、厨师等角色，模拟在餐厅里点菜、做菜、上菜、用餐等一系列真实场景中的行为和互动。

2. 游戏规则不同

在表演游戏中，文学作品是游戏的整体框架，游戏在这个框架内进行。幼儿虽说可以在游戏中根据自己的想象，自由地扩展发挥故事的情节与角色，但在每次表演前，幼儿间都会有一个基本达成共识的脚本，角色的行为会受到脚本的规范。例如，幼儿在玩“白雪公主”表演游戏时，七个小矮人有特定的出场顺序和与白雪公主的互动情节，皇后有她特定的台词和行为，如给白雪公主毒苹果等，幼儿在游戏中要遵循这些规则，才能将故事完整地呈现出来。而在角色游戏中，幼儿的自由度相对更大，幼儿可以根据情节的发展自由选择内容、切换主题，游戏之前没有一个约定俗成的脚本，大家也不需要商讨一致。例如，在“幼儿园”主题的角色游戏中，幼儿可能一开始约定好上课时间要认真听讲，举手回答问题，但在游戏过程中，可能会因为要举办活动，大家就一起商量改变规则，变成所有幼儿都去准备活动节目，而不再遵循上课的规则，游戏规则完全根据幼儿的兴趣和游戏的发展而变化。

（二）表演游戏与戏剧表演的区别

表演游戏和戏剧表演都是幼儿的艺术表演活动，它们都以文学作品或自编故事为依据，都使用对话、动作、表情等形式表演。表演游戏与戏剧表演的区别主要有以下两点。

1. 表现形式不同

表演游戏是游戏而不是演出，是幼儿自娱自乐的活动，幼儿只在乎游戏过程好玩有趣，至于是否有观众、观众是否满意，幼儿则不考虑。而戏剧表演则往往以给他人观看为目的，往往需要有导演、演员、剧本、剧场和观众，幼儿此时是演员而非游戏中的幼儿。因此，戏剧表演更重视幼儿对作品的表现能力，重视的是表演性而非游戏性。

2. 对文学作品的展现要求不同

表演游戏属于创造性游戏，不需要导演，不要求幼儿完全按照事先的脚本进行文学作品的展现，即幼儿在表演时可根据自己对作品的理解，在语言、动作表现上有所添加改动，对作品进行再创造，这时的再创造具有游戏性。而戏剧表演则对幼儿的表演有严格的要求，幼儿需要严格按照事先制定的脚本进行作品的展现。

二、表演游戏的特点

（一）艺术性

表演游戏以文学作品为脚本，通过幼儿的语言、表情、动作将文学作品表达出来。在游戏中幼儿充分施展自己的表演天赋，将自己所理解的文学作品用自己的方式表达出来，在游戏中获得极大的心理满足。在这一过程中，幼儿不仅以自己的方式将体验表达出来，还获得了文学作品的艺术性的体验。

（二）规则性

表演游戏虽然属于创造性游戏，但幼儿在玩游戏时，还是需要以文学作品为线索，以故事的情节发展顺序为基本框架进行表演。幼儿会自觉地将自己的语言和行为与作品中的角色联系起来。幼儿的创造性表演在一定程度上受作品框架的规范，不能随意而行。

（三）游戏性先于表演性

幼儿自发自愿地进行表演游戏，根据自己和团队对作品的理解，创造性地表现文学作品，是幼儿自娱自乐的活动。这体现了明显的游戏性。游戏性要求游戏中幼儿玩得“开心”。幼儿选择和确定所要表演的文学作品，力求在游戏中将头脑中的故事再现出来。这种故事再现的过程就是表演游戏表演性的体现。表演性要求游戏演得“像”。因此表演游戏具有游戏性和表演性的双重特点。表演游戏首先要有游戏性，是幼儿自主自愿的游戏活动，其次才是要有表演性，能活灵活现地将文学作品表现出来。教师在表演游戏之初要以幼儿游戏性为重，允许幼儿在表演技能上的稚嫩，学会等待和欣赏，尊重幼儿游戏性的体验。随着游戏深入进展，当幼儿不再满足于完成情节时，教师引导幼儿逐渐提出表演性的要求，最终达到游戏性与表演性的完美融合。如果过于强调表演性，就成了戏剧表演，失去了游戏带给幼儿的自主自愿的游戏性，表演游戏就不再是游戏了。因此，表演游戏的游戏性先于表演性。

幼儿园情景再现

小熊请客

“小熊请客”的表演游戏开始了，孩子们讨论扮演角色，最后，只剩下狐狸的角色没人扮演。有小朋友说：“我才不想当狐狸呢！”另一位小朋友说：“我也不想当。”过了一会儿，有一位小朋友说：“那就我来当吧！”

游戏开始了！狐狸靠在大树旁摸着肚子说：“好饿啊，好饿啊，好想吃东西啊！”小花猫提着小礼盒，经过大树边，狐狸问：“小花猫，你这是要到哪里去？”小花猫说：“今天小熊请客，我们到他家去，又吃又玩又唱歌，真呀真快活！”狐狸说：“你带我一起去吧！”小花猫回答：“你不做工，还想白白吃东西，我才不带你去呢。”说着就走了。接着，扮演小花狗的小朋友提着小礼盒，经过大树边，狐狸又问：“小花狗，你这是要到哪里去？”小花狗说：“今天小熊请客，我们到他家去，又吃又玩又唱歌，真呀真快活！”狐狸说：“那你带我一起去吧！”小花狗摆摆手说：“不行，不行，你不做工，还想白白吃东西，我才不带你去呢。”说着跑掉了。最后，扮演小公鸡的小朋友出场，狐狸又问：“小公鸡，你这是要到哪里去？”小公鸡说：“今天小熊请客，我们到他家去，又吃又玩又唱歌，真呀真快活！”狐狸说：“带我一起去吧！”小公鸡说：“不行，我不带你去，你不做工，还想白白吃东西！”说完就跑掉了。狐狸大声地说：“你们不带我去，我偏要去。”说着，朝小熊家走去。小花猫到了小熊家后，小熊说：“欢迎你！”小花猫把礼物递给小熊说：“这个礼物送给你。”小熊说：“谢谢你，谢谢你，我也请你吃东西。这些肉骨头、小鱼和小虫，随便吃点，别客气！”接着小花狗、小公鸡也到了小熊家。最后小狐狸空手来到小熊家，小熊还没等狐狸说话，就开始将手里其他小动物们当作礼物送来的积木朝狐狸扔了过去。

三、表演游戏的作用

（一）促进幼儿认知发展

表演游戏需要幼儿与幼儿、幼儿和教师共同完成情节的编排和角色扮演。幼儿对文学作品的理解直接影响游戏的进程。表演游戏可以提高幼儿对文学作品的理解能力，促进幼儿想象力和创造力的发展。幼儿通过与他人合作，理解表达文学作品，从而认识社会事物，认识社会中人与人的关系，并学习处理这些关系等。

（二）促进幼儿语言能力发展

表演游戏的内容来自词汇丰富、语言优美的文学作品，幼儿在表演时能接触大量文学语言，并在特定的情境中学习运用语言去表现文学作品，极大地丰富了幼儿的词汇量，提高了语言表达能力。幼儿通过背诵、记忆台词，将文学作品中生动规范的语言逐渐内化。语言的发展离不开运用。幼儿大胆地按自己的理解表现作品，甚至对剧情进行创编，将学到的语言外化地表现出来，这就是语言从理解到运用的发展过程。

此外，幼儿在表演游戏中交流、讨论、争辩，满足了“说”的愿望。表演游戏需要角色间的沟通与交流。伙伴们一起讨论故事的发展、角色的分配、道具的使用等。随着游戏的进展，伙伴们的话题不断丰富，交流也越发频繁。表演游戏让幼儿有了一个真实的语言交际环境，其优美的语言、丰富的情节与道具，激发出幼儿无尽的想象，提高了幼儿对不同角色语言的理解，激发其语言表达的潜能，语言的理解与运用能力在游戏中得到全面的发展。

（三）促进幼儿情绪情感提升

表演游戏具有将意象客观化、情景化的特征。幼儿既能够观赏游戏，又能够享受游戏。他们在自己想象的游戏情境中尽情地感受美、创造美，体验成功的快乐。表演游戏中幼儿通过对所扮演角色的理解，体验不同的情绪，学会表达不同的情感，丰富和深化自己的情绪情感。

（四）促进幼儿合作性发展

表演游戏是一种合作游戏。在故事的编排、道具的选择以及表演上，幼儿分工协作；选择角色时，需要彼此沟通、相互理解、平衡不同意见；情节安排中，需要交流意见，提出自己的见解，采纳他人的建议。游戏中幼儿逐渐学习站在对方的角度考虑问题，尽量去理解他人的想法，并且将他人的见解融入自己原有经验当中，不断丰富自己的经验。这样的同伴合作有助于幼儿社会情感的发展。表演游戏能提升幼儿的交往能力，增强他们的集体观念，对幼儿良好个性品德的形成有极大促进作用。

（五）促进幼儿表演才能发展

幼儿有着与生俱来的戏剧天性，表演游戏是人类天赋的想象力和创作表现欲望在幼儿身上的表现。幼儿在表演的过程中，逐渐培养自己对表演及戏剧的兴趣与爱好，且愿意揣摩作品角色的语言动作并表达出角色的情感。学前阶段，幼儿很少会害羞和忸怩，他们愿意大胆表达自己。此时教师要引导幼儿大胆讲话，有感情地通过声音的轻重、快慢、高低、停顿等变化去表现人物的思想感情；练习用自然好听的声音歌唱，根据乐曲的快慢、强弱等变化有表情地演唱；学习用夸张一些的步态、手势、动作准确把握各个角色的不同特点。这些都能促进幼儿表演才能的发展。

四、表演游戏的类型

表演游戏可根据不同的分类标准进行划分。

（一）根据表演游戏中角色扮演的形式划分

1. 自身表演游戏

自身表演游戏是幼儿自己扮演角色进行表演的游戏活动。这种表演是幼儿以故事、诗歌、童话等作品为蓝本，按照自己对作品的理解，在游戏中自编、自导、自演，每一遍演出都可能不一样。例如，在“拔萝卜”表演游戏中，幼儿分别扮演老爷爷、老奶奶、小姑娘、小狗、小猫等角色，通过自己的语言如“嘿呦嘿呦，拔萝卜”和动作来表现拔萝卜的过程，每个幼儿都以自己的方式诠释所扮演角色在拔萝卜时的神态和动作。

2. 木偶表演游戏

木偶表演游戏是游戏者利用手偶、布袋偶、提线木偶或棍杖木偶等用各种材料制成的偶人进行表演游戏的形式。常见的木偶表演游戏有手指偶、布袋偶、提线木偶、人偶共演等形式。游戏时，有时幼儿要躲在舞台后面，只露出木偶，这个表演有一定难度，更适合大班幼儿操作。例如，幼儿操作布袋木偶表演“小熊请客”，将手伸进木偶中，通过手指的动作让木偶小熊做出欢迎客人、准备食物等动作，并用不同的声音模仿小熊和其他小动物的对话，如小熊说“欢迎大家来我家做客”，其他小动物回应“谢谢小熊”等。

3. 桌面表演游戏

桌面表演游戏是幼儿利用手指偶或小工具在桌面上进行的表演游戏。这种游戏节省空间，一个桌子可坐多个幼儿，操作也非常简单。幼儿以独白、对话、操纵玩具角色的动作等形式来游戏。这种形式要求幼儿在理解故事情节和体会角色情感的基础上，能用不同的声调来表现角色的性格特征和情节的发展变化。例如，幼儿以积木、小玩偶搭建出游戏“三只小猪”的场景，有代表三只小猪的玩偶和代表大灰狼的玩偶，幼儿通过移动玩偶，让它们在不同的“房子”间活动，讲述三只小猪盖房子以及大灰狼试图破坏房子的故事，用不同的声音来模仿小猪和大灰狼的对话。

4. 影子戏表演游戏

在幼儿园中幼儿玩的影子戏有头影、手影和皮影戏等。皮影戏是让观众通过白色幕布，观看演员操纵的平面偶人表演的灯影来达到艺术效果的一种戏剧形式。幼儿玩的影子戏中以手影游戏居多。有的幼儿园利用光源，让幼儿躲在幕布后，做出动作，让小观众通过白色幕布，观看表演幼儿的黑色剪影来达到表演游戏的效果。例如，幼儿在一个黑暗的房间里，用手电筒作为光源，将手影或用硬纸板剪成的动物形状的影子投射在白色幕布上，玩“龟兔赛跑”的游戏，通过手影的变化做出兔子的跳跃、乌龟的爬行等影子动作，来表现乌龟和兔子的动作和比赛过程。

（二）根据表演游戏中游戏的内容划分

1. 故事表演游戏

幼儿扮演文艺作品中的角色，用对话、动作、表情等富有创造性的表演再现文艺作品。这时表演游戏常常一个主题可以玩多次，如第一次熟悉内容，第二次加入道具和服装，第三次讲究表演技巧……对于常见的故事表演游戏，幼儿可以在教师引导下，进行集体游戏，此时可以进行整体表演，也可以进行分段表演。

（1）整体表演游戏。

整体表演游戏是幼儿按照故事的情节发展连贯完整地表演，表演的成分比较多。在表演活动时，幼儿一对一地扮演角色，即故事中的角色由一名幼儿表演；群体角色则不做严格限制，可由若干幼儿同时担任，可以让群演幼儿扮作道具小树、小屋，甚至可以负责打舞台灯光。幼儿第一次玩游戏时，在不熟悉游戏内容的时候，教师可以在旁领诵故事，串联情节，扮演角色。

（2）分段表演游戏。

分段表演游戏，即将整个故事切割成若干段落，讲一段故事，进行一段表演。这种类型的表演游戏可以由多人扮演同一角色，例如中班“三只小猪”表演游戏中猪老大、猪老二、猪老三、大灰狼都可以根据需要，让若干幼儿扮演，解决“角色少、演员多”的问题。每个幼儿都扮演一定的角色，没有台上台下的差别，幼儿能够比较轻松地进入角色。若干幼儿表演同一角色，教师可引导幼儿一起商量角色的动作，同时鼓励幼儿做出与同伴不一样的动作，尤其是每一段结尾的造型动作。

（3）区域活动型表演游戏。

幼儿还可以在表演区域玩表演游戏，即幼儿在活动区（表演区、语言区、角色表演区）开展的故事表演游戏。其特点是自主性强、游戏成分多（见图 3－2）。

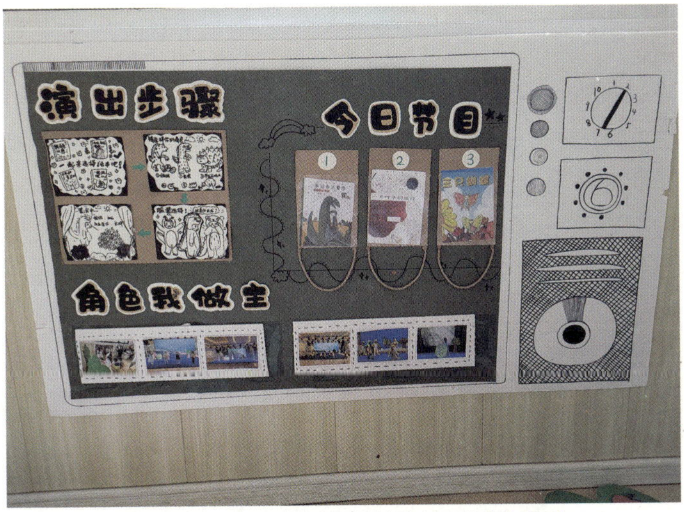

图 3－2　幼儿参与制作的表演区活动规则

2. 歌舞表演游戏

幼儿在理解歌曲或乐曲的基础上，根据自己的经验创造性地表演。它与音乐游戏的区别在于其规则是内隐的。由于其结构特点更接近表演游戏，因此将它归为表演游戏一类，以区别有规则的音乐游戏。歌舞表演游戏有两种类型。

（1）模仿性律动的表演游戏。

幼儿简单地根据音乐节奏进行动作模仿。

（2）歌唱式表演游戏。

幼儿根据自己对歌曲中词意和曲调的理解，通过身体动作或舞蹈动作，塑造人物形象。歌唱表演游戏不是为了让幼儿学习新歌曲，学习演唱的技能和方法，而是运用唱歌和舞蹈来培养幼儿的创造性，并在音乐中获得乐趣、陶冶情操。

参考阅读

幼儿表演游戏中的角色行为

幼儿表演游戏中的角色行为可以分为目的性角色行为与嬉戏性角色行为。目的性角色行为是指幼儿按自己的兴趣有目的地扮演角色；嬉戏性角色行为是嬉戏打闹，幼儿玩的内容可能与故事内容有关，也可能无关。由于整个幼儿期幼儿有目的、有计划的有意行为只是逐步发展，占主体的是无目的、无计划的无意行为，因此随着游戏过程的展开和时间的延续，幼儿的目的性角色行为逐渐减少，嬉戏性角色行为逐步增多。在表演游戏的最初阶段，幼儿关注故事情节及情节的表现，因而目的性角色行为较多；随着游戏时间的延续，幼儿感兴趣的东西逐渐增多，出现越来越多的与故事内容不甚相关的行为，或者幼儿不满足于原来的故事情节，自己有意发挥和改编，就形成嬉戏性角色行为（例如：狼一遍遍踢房门，房间内的小动物们却热衷于在一起打打闹闹等）。要使幼儿的嬉戏性角色行为再度向目的性角色行为发展，并使其在原有水平上有所提高，需要教师适时地介入和指导。

目的性角色行为分为三种：被动性表现（幼儿需要他人的提示、告知才能扮演角色）、一般性表现（幼儿表演时说话语气平淡、表情单调）、生动性表现（幼儿能够逼真形象地扮演角色，能用夸张但适宜的语气、语调、动作、表情等表现角色）。幼儿在表演游戏中以一般性表现为主，自身很难完成从一般性表现到生动性表现的提升。

嬉戏性角色行为和一般性表现行为虽然不是表演游戏的理想状态，但却有着不容忽视的价值，它们是幼儿表演游戏自然发展过程中不可缺少的重要阶段。嬉戏性角色行为是幼儿在表演游戏多样性探究阶段出现的行为，它为以后游戏内容或情节的丰富提供素材；一般性表现行为既是幼儿交往合作的初步成果，也是幼儿将别人（角色）的言语、动作，转变为自己的言语、动作的最初形态，它为幼儿生动性表现奠定基础。

第二节　表演游戏的环境创设

一、空间布置

（一）巧妙合理利用幼儿园空间

除了各班的活动室、休息室，教师可以充分利用走廊、楼梯拐角等空间设立游戏角。例如在幼儿园教学楼长廊设计开放式幼儿表演区，创设一个充满童话剧氛围的环境。此外，还可以将图书、连环画册等布置在走廊、墙壁、区域屏风上，引导幼儿在反复观察中理解、体会故事内涵，再将它表达出来。

（二）室内表演游戏区布置

室内表演游戏区要离电源近，方便使用放音、录音设备。表演游戏区的墙面可作为舞台的帷幕，打造出适宜表演的氛围。此外，墙面还可以挂一些道具、舞台规则、区角名称等。表演游戏区四周摆放玩具架或服装架，分门别类地摆放表演游戏区所使用的道具、服装、乐器等材料。

各班表演区的环境创设要有自己的特色，并及时更新。每次表演游戏前，可以让幼儿亲自参与游戏场景的布置，尽量还原故事的场景。舞台设计可以考虑分出台上与台下，布景要简单方便，不要过重或过大，不利于搬动。图 3－3 为幼儿表演的小舞台。

图 3－3　幼儿表演的小舞台

（三）道具屋（角）布置

可以创设全园共用或者本班级使用的道具屋（角），满足游戏需求。道具屋（角）提供幼儿制作道具、服装、头饰的场地，投放各种低结构材料，引导幼儿自己动手制作道具。他们可以以物代物或一物多用。道具屋（角）里备有各种水粉、蜡笔、纸箱、纸、剪刀、胶水等物品，或道具的半成品。教师应尊重并理解幼儿，鼓励他们大胆创作。每次班级的表演游戏结束时，要把所有的道具、服装、头饰等材料汇总，放在道具屋（角），按标识归类放好。还可以布置全园共用的道具屋（角），让所有的道具动态使用、互助漂移，实现全园资源共享。

（四）装扮角布置

可以根据需要创设装扮角。表演区内可以摆放若干个模拟化妆台，投放简易安全的镜子、梳子、假发、眼镜框、饰品、羽毛、翅膀，及各种表情的面具、眉毛、胡须等“即时贴”，让幼儿打扮成自己心目中的角色形象，让幼儿在装扮的过程中享受乐趣，也促进同伴间互帮互助和情感交流。

（五）户外表演游戏区布置

表演游戏区不一定拘泥于室内，很多户外场所也是开展表演游戏的好去处。天气好时，小阳台或者户外都可以成为表演游戏区。自然环境是幼儿最乐于接触的环境。户外拥有各种自然资源，场地开阔，能提供真实的情景。大自然让幼儿创意增强，表演游戏更加投入。为此，幼儿园可以定期开展大型的幼儿自主表演游戏，小、中、大班共同参与，大龄幼儿为小龄幼儿表演，发挥大龄幼儿的榜样作用。

二、道具和服装制作

幼儿是表演游戏的主人，应提高幼儿制作道具和服装的主动性，提倡充分利用废旧物品、自然材料等低结构材料或者半成品，让幼儿参与自制道具和服装，使幼儿形成爱惜道具的意识，减少破坏道具的行为。幼儿表演游戏用的服装与道具不需要过于精致，只需要象征性地表现角色所具有的显著特征，提醒幼儿自己所扮演的角色，激起幼儿表演的欲望，增加游戏的趣味性、戏剧性和象征性。如果服装和道具过于精致，幼儿容易被精美的服饰所吸引，忘记自己表演游戏的初心。

幼儿制作道具的过程，可以加深他们对故事内容和角色的理解。例如，教师可以利用桌面材料，投放各种花草、树木、石头等小场景和小动物插板，及一些头饰、服饰和场景道具，让幼儿选择自己喜欢的角色进行简单的装扮，和同伴一起边玩边说，在想象的情景中自然形成“小花猫在花园里晒太阳”“小公鸡在吃饼干”等有趣的对话，有助于幼儿在表演游戏中产生创作火花。

教师鼓励幼儿制作道具，丰富想象，使表演游戏愈加丰富。对于中大班幼儿来讲，道具不足时可以引导幼儿以象征性的动作去表现，从而提高幼儿的想象力和创造力。鼓励幼儿制作道具可以采取集体手工活动、教师个别指导、亲子活动、混龄活动等形式。

幼儿园情景再现

大家一起参与讨论设计舞台背景

教师：关于舞台，大家想怎么样设计呢？

豆豆：我想要一些气球做背景。

木木：舞台上还要有话筒。

菲菲：我想要设计一个彩虹的舞台。

阳阳：舞台要有台阶，这样观众才能看得更清楚。

……

第三节 表演游戏的组织与指导

表演游戏同一主题可以进行多次，次次递进，越玩越好玩。表演游戏是合作性的游戏，需要教师与幼儿、幼儿与幼儿之间亲密无间地合作。

一、表演游戏的准备

（一）选择适合表演游戏的文学作品

选择适合的主题和内容是表演游戏中的一个重要环节。教师通过观察，了解幼儿的兴趣，并根据其兴趣进行游戏选材。表演游戏使用的文学作品经常选自绘本或教师和幼儿共同根据日常生活进行创编的故事。因此教师应该注意丰富幼儿的生活经验，鼓励幼儿阅读绘本。游戏选材内容是否适合幼儿的年龄、心理特点，直接影响幼儿参与游戏的积极性。

幼儿熟悉并喜欢的故事、童话、诗歌等幼儿文学作品，幼儿周围生活中有趣味、有意义的人和事，都可以成为幼儿表演的基本素材，同时，这些素材需要满足以下几个条件。

1. 内容健康、活泼，充满正能量

幼儿心智还未成熟，分不清现实与想象。表演游戏应该选择内容健康、活泼、充满正能量的故事，一些描写阴暗、恐怖、悲惨的故事则不能选择。如果有一些故事内容不错，但结局悲惨，就需要改编。如《抗日小英雄王二小》是一则优秀故事，但结局可能让幼儿无法接受。遇到类似情况，我们可以借鉴以下作品的结局：《雪孩子》将雪孩子最后消失描写为变成天上的云朵；安徒生童话《卖火柴的小女孩》《美人鱼》对于死亡也有类似的唯美描写。所以，可以将故事结局改编为王二小被敌人杀害后，变成了保卫祖国的山峰。

表演游戏的文学作品可以是现成的故事、改编后的故事，也可以是幼儿和教师一起创编的故事。

2. 有较多的对话和动作，具有表演性

幼儿在初次接触表演游戏时，应选择角色个性鲜明、情节简单、富有趣味、动作性强、对话多次重复、语言朗朗上口的幼儿文学作品。由于幼儿生活经验不够丰富，思维具有自我中心、具体形象的特点，他们很难只是用眼神、面部表情就生动表现角色的内心情感，作品中提供的对话和动作，能方便幼儿进行表现。如：故事《三只小猪》的动

作性比较强，狼吹倒房子的动作多次重复，便于幼儿掌握，易于表演；三只小猪的语言生动、简短，利于幼儿理解和表现。对于一些文学作品，教师可以和幼儿一起进行改编，使之更符合幼儿表演的特点。

3. 情节生动，有感染力

表演游戏的作品应能够吸引幼儿的注意，让幼儿愿意表演。那些角色形象鲜明、具体生动的故事，可以引起幼儿较强的情绪体验。幼儿对情节生动、有感染力的作品，容易理解，并愿意表达。当然，幼儿生活经验有限，需要理解的情节不应太过复杂。

不同年龄阶段的幼儿适合不同的作品，具体要求见表3-1。

表3-1 幼儿园各年龄班表演游戏适合作品要求一览表

班级	特点	适合作品的对话与动作要求	适合作品的情节要求	举例
小班	以直觉行动思维为主，有意注意水平低，好模仿；听音、辨音、发音的准确度不高，喜欢重复，爱模仿角色的对话；生活经验有限。	对话简短、易于表达，动作有重复性。	故事简短，情节生动，有较强的情绪感染力，场景简单，最好是只有一个场面。	《拔萝卜》《小兔子乖乖》《小红帽》《三只羊》
中班	以具体形象思维为主，注意力有了一定的发展，在自己喜欢的游戏中持久性、专注性都有了较大的提高，喜欢与同伴交往；在语言方面，能正确发音，词汇量迅猛增加，喜欢模仿不同的语气以表现不同的角色。	角色5～6个，对话长短适中，互动多，语言富有节奏，角色特征具有明显的差异性，易于用动作形象表现。	故事长短适中，情节生动，有情景、有趣味或具有一定的因果关系，还要有场景的变化。	《三只小猪》《七色花》《三只蝴蝶》《小熊过桥》《狼和小羊》
大班	抽象思维开始萌芽，想象力丰富，好奇心强，求知欲与创造性强；有意注意和识记有明显的发展，活动的持久性更强，合作意识更强；掌握的词汇丰富多样，并能完整生动地讲述。	角色数量适当增多，对话互动频率高，角色形象鲜明、多样，能淋漓尽致地表现人物性格特征。	故事稍长，情节生动曲折，有变化，具有因果关系，场景切换多。有可供发挥想象力与创造力进行续编故事情节的空间。	《白雪公主》《小熊拔牙》《三打白骨精》《老鼠娶新娘》

教师要选择内容健康并符合幼儿生活经验、有特定场景、角色性格鲜明、有多个角色、情节生动有趣、富有形象语言和动作的文学作品。教师也可以将现成的故事进行适合幼儿表演的改编，如增加角色对话使故事更有趣，删减繁杂的文字使故事更幼儿化，改编故事结尾使故事思想更积极活泼，也可以和幼儿一起编撰一个故事。

（二）为表演游戏提供物质条件

建立表演区时，可以在给幼儿足够的活动空间与场地的同时，布置一个小舞台。小舞台无须投入很大的财力、物力。一块用布或纸制作的悬挂幕布，再用彩色纸条稍加修饰便可。还可以做一个纸框大电视，放在桌子或架子上，幼儿站在后面，如同在电视里进行表演。表演区可以摆放简单的舞台布景和服装道具。布景应简单方便，避免过大、过重、过繁，更不能妨碍幼儿表演。教师可以结合美工活动，与幼儿一起设计和制作布景造型。

表演区可以提供歌舞表演需要的播放音乐的设备，鞋帽，衣裙，头饰，麦克风，花束，纱巾，各种鼓、响筒等打击乐器。

（三）为表演游戏提供充足的游戏时间

幼儿园小中大班表演游戏的时间各有不同。一般应保证幼儿有足够的时间讨论角色、情节、演绎相对完整的情节。因此要为幼儿留出不少于 30 分钟的游戏时间。如果未到 30 分钟，幼儿已经演完并无再演第二次的想法，也可以结束游戏。

二、表演游戏前的组织与指导

教师对表演游戏的现场指导主要体现在游戏前的幼儿对文学作品的理解、学习，游戏道具、服装的准备，游戏过程中协助幼儿进行角色分配、表演和轮换，游戏结束后的讲评和提升等方面。

（一）通过多种方式让幼儿熟悉作品

表演故事选定完成后，需要幼儿对故事有充分的理解和记忆，教师可以利用集体活动、家园配合的绘本阅读等方式让幼儿观看、倾听、理解所选择的文学作品，帮助幼儿熟悉作品，体验作品的内容、情节、角色特征等以达到顺利、完整表演的效果。教师在绘本阅读的基础上，请幼儿为其讲故事，让幼儿从以往“听故事的人”的身份转换成“讲故事的人”，增强幼儿的兴趣和热情，让幼儿相互补充故事情节。教师通过讨论的、提问的方式引导加深幼儿对故事的理解，帮助幼儿熟记故事的情节。

（二）让幼儿参与游戏前期的准备

教师可以与幼儿共同准备，选择所表演角色的服装、道具、场景、材料等，也可以结合美工活动，与幼儿一起设计和制作布景和道具。布景应简单方便，避免过大过重过繁。造型可以适宜夸张，色彩要鲜明、道具要简单，易于操作，可以虚代实，不要装饰性过强或过实的道具，以方便幼儿发挥想象，将注意力集中在角色上而非道具上。

三、表演游戏过程中的组织与指导

（一）确定表演游戏的观察要点

基于对不同年龄班表演游戏特征的了解，教师要确定适宜的表演游戏观察要点。表 3-2 为幼儿园各年龄班表演游戏观察要点。

表 3-2　幼儿园各年龄班表演游戏观察要点

	小班	中班	大班
认知方面是否达标	初步理解有关作品的中心思想、主要情节和角色特征。	对文学作品的理解更深入。	对文学作品的理解加深，对文学作品的兴趣提高。
情感方面是否达标	对玩表演游戏和扮演角色感兴趣，感受与同伴游戏的乐趣。	喜欢表演游戏，乐于参加表演游戏。	积极参与表演游戏活动，认真扮演角色。
能力方面是否达标	1. 学会与同伴友好相处。 2. 能在教师帮助下玩表演游戏。 3. 学习并遵守简单的游戏规则。如在指定范围内游戏，不争抢玩具，玩具用后放回原位。 4. 学习倾听别人的谈话，学会大胆、清楚地用普通话进行表达。	1. 运用不同的、清楚连贯的语句开展表演游戏，适当地运用动作、表情表现角色性格特征。 2. 形成初步的集体观念和交往能力，能合作游戏，学会协商、轮流扮演角色和使用玩具。 3. 养成爱惜玩具和游戏材料的习惯，游戏后会有条理地加以整理，遵守游戏规则。 4. 根据作品主题、情节加以想象，并较有创造性地进行表演。 5. 根据文学作品制作简单的表演道具（2～4种），布置场景。	1. 根据自己对作品的理解，在语言（包括体态语言）、动作、表情等方面进行创造性表演。 2. 学会与同伴协商分配角色，合作游戏，独立处理游戏中的纠纷。 3. 角色表演和问题解决的能力得到提高。 4. 自主设计游戏场景，学会自制简单的道具，正确使用自制和替代的游戏材料布置游戏场地，发挥创造性。 5. 树立爱护游戏材料的意识，游戏结束时会正确整理游戏材料和场地。

（二）引导幼儿进行同伴交往

教师应遵循“自行分配”的原则，让幼儿自主分配角色，采用的方式有自荐、他荐、猜拳、抽签、轮流等。同伴交往是表演游戏的有机组成部分，既可以帮助幼儿进一步理解故事内容，又可以促进幼儿合作表现故事内容，对于表演游戏的开展具有支持作用。

表演游戏中同伴交往内容是很重要的，主要有这几个方面：幼儿围绕角色认定和分配进行的沟通；幼儿围绕游戏的出场顺序、动作和对白顺序等进行的沟通；幼儿围绕故事序列、细节、内容进行的沟通；幼儿围绕材料的使用、分配进行的沟通；幼儿围绕故事中出现的动作、对话等进行的沟通。教师应促进幼儿的有效沟通。

（三）采取外部干预和内部干预方式进行指导

初次表演，幼儿不熟悉情节，可以由教师串联情节，导引故事。在表演游戏的指导中，教师可以隐性指导，即通过场地、材料、标记或以角色的身份来提示和启发幼儿，间接达到指导的作用；教师也可以显性指导，直接指出幼儿在表演游戏中出现的问题，引导幼儿讨论。教师进行显性指导时，可以以观众的身份，也可以直接以教师的身份向幼儿提出问题、建议或暗示和提醒。例如，幼儿在玩“医院”主题的表演游戏时，“医生”和“护士”不知道接下来该做什么，教师可以以“病人家属”的身份参与游戏，询问“医生”病人的病情，引导游戏继续进行。

幼儿在游戏中尽情玩耍后，教师可以进一步引导幼儿提高表演的技能。方法可以是教师示范或专门进行表演技能训练，也可以是在游戏中对幼儿进行指导。表演技能包括语言表现能力、歌唱表演、形体与表情动作、木偶和皮影操作技能等。幼儿语言表演技巧表现在幼儿对语调的处理上，即通过声音的轻重快慢、高低、停顿等变化去表现人物的思想感情，幼儿能大胆地、较清晰、流畅地用普通话表演；幼儿歌唱表演技能是幼儿用自然好听的声音歌唱，不大声喊叫，音调准确，吐字清晰，能根据乐曲的快慢、强弱等变化有表情地演唱，旋律曲调准确；形体与表情动作包括日常生活动作、小动物的典型动作，幼儿可以采用比日常生活中夸张一些的步态、手势、动作，使表演具有舞台效果，恰当而准确地把握各个角色的不同特点。

一个故事可能会被幼儿演绎多次。一般在幼儿开始玩某个故事的表演游戏的初期阶段，教师要把点评重点放在幼儿熟悉故事脉络、完整地表演上。在幼儿已经能完整演绎故事后，教师点评重点移至增加道具和服装来表现情节。在幼儿能用道具服装进行完整演绎后，教师点评重点移至表情动作等表演技能的训练上。如此点评能突出重点、循序渐进地指导幼儿进行表演游戏。如果幼儿初次玩表演游戏时就重点强调表演技能，可能会让幼儿畏首畏尾，失去游戏本身的娱乐性。教师在幼儿游戏之初应包容幼儿一般性表演的生涩演绎，还原表演游戏的游戏本质。

幼儿园情景再现

欢乐剧场

欢乐剧场开始了，小演员和小观众都很高兴，演员们早早地就开始化妆、穿表演服，观众们也很快地坐在椅子上等待观看演出。由于演员们都需要更换衣服，时间比较长，小观众们开始坐不住了，等到小演员上场的时候，台下的观众中没有几个在认真观看，而且小演员在台上表演时声音太小，看起来很紧张。等第一个小朋友表演结束之后，教师问大家："你们觉得教室里吵不吵啊？"小朋友们说："吵！"教师说："为什么会这么吵啊？"有的小朋友说："我们等了好长时间，他们才表演。"

小观众等待观看演出的时间太长，有些浮躁；演员换衣服太慢，并且有些衣服不太好穿，需要有一名教师在旁边辅助幼儿穿衣服。教师可以请小助手帮助小演员们穿衣服，并在观众等待时提供一些小玩具和图书。

（四）肯定幼儿的创新表演

幼儿在游戏中提出新方法时，教师应及时给予表扬；在幼儿反复进行游戏时，教师应鼓励幼儿进行游戏创新，并可以适当增加一些角色。

（五）运用多种方式进行游戏评价

一般而言，游戏之前的评价目的在于回忆上次的游戏内容，调整本次游戏活动；在游戏中的评价是为了解决随时发现的问题；游戏后的评价则是整理和提升本次游戏的经验。评价形式可以多样，有教师评价与幼儿自评、互评，个别评价与集体评价，语言评价与幼儿示范表演等。例如，教师表扬幼儿在玩"小马过河"游戏时声音洪亮，但可以在动作上更丰富一些，让表演更加生动。教师应通过多种形式的评价，鼓励幼儿根据自己的生活经验创编文学作品，提出需增添的材料，为下次游戏做好准备。需要注意的是，教师要把评价的重点放在幼儿的游戏兴趣、游戏语言、动作表情、材料制作和使用所表现出的创造性，以及幼儿之间的合作上，以积极的态度看待幼儿在游戏中的表现。

（六）整理场地

场地整理、材料归位是每一场游戏结束的必经环节，是从小班开始培养的游戏常规。学前期是幼儿发展秩序感的关键期，幼儿有能力也有愿望进行场地和材料的整理，教师可以对幼儿提出这方面的要求。

知识链接

幼儿园表演游戏中存在的瓶颈

四、各年龄阶段的表演游戏组织与指导

表演游戏是幼儿最常开展的游戏之一，那么教师如何根据不同年龄段幼儿的特点进行表演游戏的指导是未来幼儿教师应具备的重要技能。小、中、大班表演游戏表现出不同的特点。

（一）了解表演游戏的年龄特征

表演游戏对幼儿的语言表达能力、合作能力和扮演角色的意识有一定的要求，不同年龄班的幼儿表现出不同的游戏特征，其表演游戏特点见表 3－3。

表 3-3　幼儿园不同年龄班表演游戏特点

	小班	中班	大班
目的性	不明确，只注意某一角色的动作、语言。	游戏的目的不够明确，常会忘记，需要教师进行一定的提示。游戏以愉悦为目的，任务意识不强。	有较强的任务意识，行动的目的性、计划性较强。
游戏情节	非常简单，往往只反映作品某一片段。故事对话简洁，多重复。动作表现性强，场景最好只有一个。	对话简短，重复动作，场景不多。	故事内容更丰富，角色比较多。
游戏组织	不会组织游戏，注意满足自己扮演角色的愿望，不注意语言及动作的表演质量。	能独立完成角色分配任务，但角色更换意识不强。进入游戏前常会出现无所事事的行为。有 30 分钟以上的游戏能力。	能独立完成角色的任务。能在游戏开始前协商游戏规则、情节、出场顺序。交往内容集中在动作和对白方面。
角色扮演意识和能力	在教师的帮助、提示下，玩表演游戏。	以动作为主要表现手段，无法突出角色特点进行创造性表演。	角色扮演意识较强，能自觉等待自己上场的时间，在扮演角色时能注意并设计语气、语调、动作与日常言语、动作的区别。表现技巧有待提高。

（二）各年龄阶段的表演游戏组织指导重点

1. 小班

小班幼儿处于单独游戏或平行游戏阶段。如果要开展表演游戏，游戏前教师帮助幼儿选择文艺作品时，要选择那些主题明确、内容简单、活泼有趣的故事。如《小熊宝宝》系列绘本故事，以《小熊吃饭》为例，故事围绕小熊和熊妈妈吃饭场景展开，角色简单，对话重复性高，如“小熊，快来吃饭”“我要吃饼干”，便于幼儿理解与模仿。教师应同时帮助幼儿一起准备游戏的道具和材料，如玩“小兔子找朋友”游戏时，准备毛茸茸的兔子玩偶、逼真的胡萝卜道具，可通过直观的视觉刺激吸引幼儿参与。游戏前可以为幼儿做一些示范，游戏中教师可以参与游戏，担任独白或主要角色以保证游戏的顺利进展，但不包办代替。

2. 中班

教师为中班幼儿提供表演游戏的场所应是相对固定的封闭或半封闭的空间，以保护幼儿的认同感和安全感。要保证幼儿有不少于 30 分钟的游戏时间。中班幼儿表演游戏的材料要简单，不需要花很长时间与很大精力去准备。材料以 4 种为宜，并要注意材料的结构化程度。在游戏最初开展阶段，教师可以帮助幼儿做好配组工作，讲解角色更换原则。游戏中教师应提高幼儿的角色表现意识，可以参与幼儿的游戏，为幼儿提供适当的示范，但教师不要过多干预幼儿的游戏，而是要耐心等待幼儿协商、讨论，提醒幼儿保持游戏主题。例如，玩“小马过河”表演游戏时，若幼儿争抢“小马”角色，教师可引导他们通过猜拳、轮流等方式解决，培养幼儿的合作意识和解决问题的能力。

3. 大班

教师可以为大班幼儿提供种类较多的游戏材料以鼓励和支持他们进行多样化探索。在游戏的最初阶段，教师除了提供时间、空间和基本材料外，应尽可能少地干预。随着游戏的展开，教师要及时给幼儿提供反馈，提高幼儿表现故事、塑造角色的能力。对于大班幼儿来说，教师反馈的侧重点应在如何塑造角色上。要帮助幼儿注意运用恰当的语气和语调、夸张的动作、生动的表情来塑造角色。例如，玩表演游戏“卖火柴的小女孩”前，教师组织幼儿讨论小女孩在不同场景下的心情，使幼儿在表演时能更细腻地表达角色情感。大班幼儿游戏的目的性和计划性增强，表演意识和表演技巧有所提高，因此教师应尽可能地少干预，以提高幼儿表现故事、塑造角色、丰富游戏情节的能力和表现力。

参考阅读

中班表演游戏“金色的房子”

观察要点

1. 观察幼儿是否开心地表演“小姑娘和动物们”游戏，是否从表演中懂得与同伴友好相处。

2. 观察幼儿是否能和同伴讨论，初步尝试用歌舞、采花、游戏、分享食物等形式创造性地丰富故事开头和结束部分的情节。

3. 观察幼儿是否懂得选择合适的材料进行角色装扮，遵守游戏规则，和同伴轮流扮演喜欢的角色。

4. 观察幼儿是否倾听同伴对话，说清角色对话，并用语气、语调变化，以及噘嘴、皱眉、微笑等表情，表现骄傲、失落、开心等情绪变化。

游戏准备

1. 经验准备：幼儿已学习故事《金色的房子》，理解故事情节和角色特征，熟悉角色对话。

2. 材料准备：小姑娘、小鸟、小羊、小狗、小猴等角色的头饰、服饰，小篮子、鲜花、草地、金色的房子等道具若干。

3. 环境创设：绿茵茵的草地上有许多美丽的花，草地旁有一座房子（红墙、绿窗、金屋顶）。

指导建议

（一）游戏开展前

1. 帮助幼儿熟悉故事情节和角色对话，理解故事所表达的主题思想：同伴间应友好相处，孤僻、自私都是不好的。

2. 组织幼儿分组讨论并创编剧本，设计角色对话和动作，并用符号和图画记录下来。

3. 组织幼儿以小组形式商量分配角色，并想想自己扮演的角色用什么材料打扮比较合适，启发幼儿选择头饰、服饰、废旧辅助材料等进行角色装扮。如用鲜花图案的裙子、蝴蝶结等装扮小姑娘。

4. 引导幼儿收集材料，一起参与表演情境的布置。

（二）游戏过程中

1. 观察幼儿游戏协商情况，引导幼儿在每次表演结束后和同伴轮流扮演喜欢的角色。在幼儿出现争议时，引导幼儿使用“点数”“石头剪刀布”等方式确定轮流顺序。

2. 欣赏幼儿表演，鼓励幼儿积极游戏、大胆表现角色，并通过观众的身份适时地给予建议和指导，启发幼儿注意每段故事表演中各个角色在场地中的不同位置变化。

3. 以平行角色的身份参与游戏，引导幼儿倾听同伴对话，并说清对话，启发幼儿用不同的语调、语气表现各个角色的情绪变化。例如，动物们赞叹金色的房子，小姑娘感到骄傲时，可以用较高的语调说话；小姑娘拒绝动物们看金色的房子时，动物们可以用失望的语调说话等。

4. 启发幼儿在故事的三个不同情节中，用微笑、噘嘴、皱眉等合适的表情表现各个角色的情绪特征：一是动物们赞赏金色的房子，小姑娘高兴又骄傲，大家一起唱歌跳舞，很开心；二是小姑娘拒绝动物们进入金色的房子里玩，动物们感到失落，小姑娘自己玩也感到失落；三是小姑娘邀请动物们进入金色的房子里玩，大家友好相处，十分快乐。

5. 树立榜样，提醒幼儿在游戏结束后，及时将材料分类整理好。

（三）游戏推进策略

1. 随着游戏的发展进行分段表演评价，组织幼儿讨论，初步尝试创造性地丰富故事开头和结束部分的情节。例如，故事开头通过采花情节，表演动物们帮小姑娘采了许多花，一起在草地上唱歌跳舞。又如，小姑娘后来邀请动物们进屋，端出美味的食物招待动物们等。

2. 借助“猜心情”的游戏形式，启发幼儿学会用语气变化，以及噘嘴、皱眉、微笑等表情表现骄傲、失落、开心等情绪变化。

3. 启发幼儿回忆表演的过程中自己或同伴出现的问题，针对不同的问题提出解决策略，重点启发幼儿轮流扮演角色，按先后顺序表演。

4. 引导幼儿在熟悉和创编故事情节后，在表演中融入合适的音乐伴奏，使表演更丰富有趣，如在小姑娘采花、动物们游戏等情节中播放欢快的音乐，增强表演的欢乐氛围。

附：故事《金色的房子》

田野里有一座小房子，红的墙，绿的窗，金色的屋顶亮堂堂。太阳一出来，照得一闪一闪的，漂亮极了。有一个小姑娘就住在这个金色的房子里。每天早晨，她提着一只花篮，到草地上去采花。

有一天，小姑娘又去采花了，一只小羊跑来对她说：“小姑娘，你早！你那金色的房子真好，红的墙，绿的窗，金色的屋顶亮堂堂！”一只小鸟飞来对她说：“小姑娘，你早！你那金色的房子真好，红的墙，绿的窗，金色的屋顶亮堂堂！”一只小狗跑来对她说：“小姑娘，你早！你那金色的房子真好，红的墙，绿的窗，金色的屋顶亮堂堂！”一只小猴跑来对她说：“小姑娘，你早！你那金色的房子真好，红的墙，绿的窗，金色的屋顶亮堂堂！”小姑娘听到小羊、小鸟、小狗、小猴都说她的房子好，心里高兴极了，她带着小羊、小鸟、小狗、小猴一起唱歌，一起跳舞。

快到中午了，小姑娘要回家了，小羊、小鸟、小狗、小猴给她采了好多好多的花，一直送她到金色的房子门前。小鸟说：“小姑娘，让我进去玩玩吧！”小姑娘说：“不行，你扑棱扑棱地乱飞，会把我的房子弄脏的。”小狗说：“小姑娘，让我进去玩玩吧！”小姑娘说：“不行，你汪汪地乱叫，会闹得我睡不着觉的。”小猴和小羊说：“小姑娘，让我们进去玩玩吧！”小姑娘说：“那更不行，你们啪嗒啪嗒地乱跑，会把我家的地板踩坏的。”小姑娘说完了话，就自己走进房子里去，“嘭——”的一声把门关上了。

小姑娘在家里唱了一会儿歌，可是没人听她唱；跳了一会舞，也没人看她跳。她觉得挺闷的，她打开窗子一瞧，哎呀！小羊、小鸟、小狗、小猴在草地上玩得可热闹呢：小鸟飞着叫着，小狗跳着唱着，小猴呢，骑在小羊的背上，像个猎人，多神气呀！小姑娘悄悄地打开门，悄悄地走出去，悄悄地走近草地。小羊看见她，说：“小姑娘，快来呀，跟我们一起玩呀！”小鸟看见她，说：“小姑娘，快来，快来，跟我们一起玩吧！”小狗、小猴也都欢迎她。小姑娘说：“请你们到我家里去玩吧！”小鸟问：“你不怕我弄脏你的房子吗？”小姑娘摇摇头。小狗问：“你不怕我闹得你睡不着觉吗？”小姑娘摇摇头。小羊和小猴问：“你不怕我们踩坏你家的地板吗？”小姑娘又摇摇头。大伙儿高兴极了，一起跟着小姑娘到金色的房子里去了。他们一起唱歌：“红的墙，绿的窗，金色的屋顶亮堂堂！”

资料来源：“福建省幼儿园教师教育用书”编写委员会．领域活动指导：中班下册．福州：福建人民出版社，2017.

学习小结

学

1. 阅读教材，完成本单元任务。
2. 扫码观看本单元微课。

微课

表演游戏

做

1. 画一张活动室内表演游戏区的设计图。

2. 做本单元过关题。

3. 利用表演游戏幼儿表现力观察记录表（见表 3－4），到幼儿园观察记录一次表演游戏的活动。

表 3－4　表演游戏幼儿表现力观察记录表

<table>
<tr><td>观察者</td><td></td><td>被观察者</td><td></td><td>观察日期与时间</td><td></td></tr>
<tr><td>观察目的</td><td colspan="5">观察某班某幼儿在表演游戏中的表现力情况</td></tr>
<tr><td>观察地点</td><td colspan="3"></td><td>表演游戏形式</td><td></td></tr>
<tr><td colspan="4">观察项目</td><td colspan="2">观察记录</td></tr>
<tr><td rowspan="3">语言表现</td><td colspan="3">声音大且自然</td><td colspan="2"></td></tr>
<tr><td colspan="3">表达连贯</td><td colspan="2"></td></tr>
<tr><td colspan="3">语调符合角色</td><td colspan="2"></td></tr>
<tr><td rowspan="2">动作表现</td><td colspan="3">全场保持角色行为</td><td colspan="2"></td></tr>
<tr><td colspan="3">动作符合角色</td><td colspan="2"></td></tr>
<tr><td rowspan="2">面部表情</td><td colspan="3">全场保持角色行为</td><td colspan="2"></td></tr>
<tr><td colspan="3">表情符合角色</td><td colspan="2"></td></tr>
<tr><td rowspan="3">道具材料使用</td><td colspan="3">使用方法是否单一</td><td colspan="2"></td></tr>
<tr><td colspan="3">有分享和爱护行为</td><td colspan="2"></td></tr>
<tr><td colspan="3">创新性使用</td><td colspan="2"></td></tr>
</table>

一线教师笔记

表演游戏观察记录

思

1. 讨论本单元学习心得。

2. 思考：表演游戏中教师起什么作用？小中大班教师的指导有何不同？

推荐阅读

[1] 浙江省教育厅教研室．幼儿园经典表演游戏．杭州：浙江人民出版社，2016.

推荐理由：此书分小中大班介绍了 21 个经典表演游戏。

[2] 周怡．幼儿园绘本表演游戏实践研究与案例精选．桂林：广西师范大学出版社，2018.

推荐理由：此书将绘本阅读和幼儿表演巧妙结合，根据幼儿身心发展规律设计了有趣的表演游戏活动，将阅读、表演、表达、艺术融入游戏活动，逐步引领孩子进入绘本的戏剧世界中。

育德明心

幼儿表演游戏中的素养教育

过关题

单项选择题

1. 开展表演游戏的前提是（　　）。
A. 帮助幼儿掌握作品的内容、情节和特点
B. 激起幼儿玩表演游戏的愿望
C. 选择幼儿容易理解又便于表演的作品
D. 吸引幼儿一起准备道具、布景、服装等

2. 幼儿扮演作品中的角色，用对话、动作、表情等富有创造性的表演，再现文学作品的游戏，称为（　　）。
A. 娱乐游戏　　B. 角色游戏
C. 表演游戏　　D. 智力游戏

3. 教师为幼儿精心编排了一部《三只小猪》的童话剧。这是（　　）。
A. 表演游戏　　B. 角色游戏
C. 戏剧表演　　D. 生活演出

4. 在表演游戏中，（　　）。
A. 表演性先于游戏性　　B. 游戏性先于表演性
C. 表演性和游戏性一样重要　　D. 表演性和游戏性都不重要

5. 禾禾听到邻居家播放熟悉的《小星星》的歌曲，就开心地跳起自编的舞蹈。这是（　　）。
A. 戏剧表演　　B. 表演游戏
C. 音乐游戏　　D. 体育游戏

6. 小明在家里学孙悟空，拿着爸爸买给他的金箍棒乱挥乱打。这是（　　）。
A. 角色游戏　　B. 表演游戏
C. 音乐游戏　　D. 体育游戏

7. 下列哪项是选择适合幼儿进行表演游戏的文学作品时不应该做的？（　　）
A. 选择内容健康、活泼，充满正能量的故事
B. 选择有较多的对话和动作、易于表演的故事
C. 选择有情节、生动感人的故事
D. 直接使用有名的童话故事

8. 下列哪个说法是错的？（　　）
A. 表演游戏的场所不拘泥于室内，也可以到室外开展
B. 幼儿可以参与故事改编和道具制作
C. 幼儿年龄小，表演游戏中使用的文学作品均来源于成人的作品
D. 表演游戏也可以用操控手影或木偶的方式来玩

9. 晶晶看完动画片，就模仿白雪公主，和摆在床上的 7 个布娃娃一起跳舞。这是（　　）。

A. 表演游戏　　B. 音乐游戏

C. 角色游戏　　D. 体育游戏

10. 晶晶穿着白雪公主的花裙子，用小锅、小铲煮饭给布娃娃吃。这是（　　）。

A. 表演游戏　　B. 音乐游戏

C. 角色游戏　　D. 体育游戏

本单元思维导图

- 表演游戏
  - 什么是表演游戏
    - 概念
      - 属于创造性游戏
      - 以文学作品为依据
    - 与角色游戏的区别
      - 主题来源不同
      - 游戏规则不同
    - 与戏剧表演的区别
      - 表现形式不同
      - 对文学作品的展现要求不同
    - 特点
      - 艺术性
      - 规则性
      - 游戏性先于表演性
    - 作用
      - 促进认知发展
      - 促进语言能力发展
      - 促进情绪情感提升
      - 促进合作性发展
      - 促进幼儿表演才能发展
    - 类型
      - 根据角色扮演的形式划分
      - 根据游戏的内容划分
  - 表演游戏的环境创设
    - 空间布置
      - 合理利用空间
      - 室内布置
      - 道具屋布置
      - 装扮角布置
      - 户外布置
    - 道具服装制作
      - 利用废旧物品自制
      - 不需过于精致
  - 表演游戏的组织与指导
    - 准备
      - 选择适合表演游戏的文学作品
      - 为表演游戏提供物质条件
      - 为表演游戏提供充足的游戏时间
    - 游戏前的组织与指导
      - 幼儿熟悉作品
      - 幼儿参与前期准备
    - 过程中的组织与指导
      - 确定观察要点
      - 引导同伴交往
      - 外部干预和内部干预
      - 肯定创新表演
      - 进行游戏评价
      - 整理场地

第四单元

结构游戏

知识目标

1. 了解结构游戏的概念、特点和作用
2. 掌握结构游戏指导的基本任务
3. 了解幼儿玩沙、玩水游戏的特点

能力目标

1. 能够针对各年龄班幼儿的特点指导开展结构游戏
2. 学会观察结构游戏
3. 会布置环境并指导幼儿玩沙、玩水游戏

素养目标

1. 意识到幼儿教师在工作中要有耐心、细心、坚持、合作，并以身作则，在结构游戏中培养幼儿耐心、细心、坚持、合作等良好品质

2. 增强文化自信，初步具备挖掘中国的、民族的、地方的建筑物特色的能力

任务索引

任务描述

大班结构游戏活动过程中，陈老师首先引出话题："小朋友们见过轮船吗？谁来说一说你见过的轮船是什么样子的？"幼儿踊跃讨论自己见过的轮船，参与活动的积极性很高。大家纷纷讲述了自己和爸爸妈妈一起坐船的经历，看上去大家都见过轮船。陈老师让幼儿搭建自己见过的轮船，可是幼儿都说不会搭。陈老师很纳闷：幼儿不是都说见过轮船吗？为什么搭不出船？

教师该如何指导结构游戏呢？有的幼儿园开展了玩沙和玩水游戏，这也属于结构游戏吗？难道老师不怕幼儿弄脏双手和衣服吗？该如何指导幼儿玩沙和玩水游戏呢？带着这些问题，我们开始本单元的学习。

第一节 结构游戏的理论概述

一、结构游戏的概念

按照游戏中规则要求是内隐的还是外显的，游戏分为创造性游戏和规则性游戏。结构游戏属于创造性游戏。

结构游戏又称建筑（构）游戏，是幼儿使用各种结构材料（如积木、积塑、沙石、泥、雪、金属等），通过想象和建造活动，构造建筑工程物体形象的活动。

结构游戏种类众多，包括玩积木、玩积塑、玩泥沙、堆雪人、玩水等。结构游戏的历史很长。17 世纪英国著名的思想家、政治家洛克就制作了一套帮助幼儿认识字母的玩具积木；19 世纪德国教育家福禄贝尔发明制作了世界上第一套系统的学习材料——恩物，这些恩物可以看作是现代积木的原型。幼儿园里最典型的结构游戏是积木游戏。幼儿结构游戏作品如图 4－1 所示。

图 4－1　幼儿结构游戏作品

二、结构游戏的特征

（一）使用素材做游戏材料

幼儿园结构游戏常用的材料有：积木、积塑、雪花片等专门的建构材料；沙、石、水、土、雪等自然材料；绳子、瓶子、挂历、纸盒等废旧物品材料。例如，一块正方体积木，在幼儿的手中，可以成为一辆汽车的车厢、一栋高楼的阳台，或者一座桥的桥墩……因此，在游戏前，结构材料是各种无形象意义的结构元件，游戏时，通过幼儿的操作，这些无形象意义的元件会组合成一个有形象意义的整体。

（二）属于构造活动

结构游戏是一种构造活动，是幼儿将毫无意义的素材构造成千变万化的形象的游戏。结构游戏需要幼儿具备以下能力。

1. 操作能力

结构游戏要求幼儿动作灵活、协调、有力度。基本的操作能力包括拼搭、插接、嵌塑、铺平、延长、围合、盖顶、加宽、加高等。

2. 造型能力

幼儿借助空间想象力将元件按顺序进行排列组合。为了使建构后的物体美观、牢固，构造时要考虑对称、平衡，否则构造就难以实现。结构的造型和绘画造型很相似，只不过绘画造型是平面的，结构造型是立体的。幼儿的结构造型生动、形象，反映了他们对生活中美的感受和对美的追求，具有审美意义。因此，不少国家把结构游戏列入美术教育大纲，作为美育的一部分。

3. 空间知觉和象征能力

幼儿在结构游戏中既可以表现现实中的各种物体形态，也可以表现自己思维想象中的物体形态。幼儿的结构造型代表了真实的物体，是真实物体的模拟和象征，充分体现幼儿的创造力。

真题链接

选择题

幼儿以积木、沙、雪等材料为道具模仿周围现实生活的游戏是（　　）。

A. 表演游戏　　B. 结构游戏　　C. 角色游戏　　D. 规则游戏

答案

B

答案解析

结构游戏是指幼儿利用各种不同的结构材料和与结构活动有关的各种动作来反映周围生活的一种游戏，属于创造性游戏。

三、结构游戏的作用

（一）促进幼儿感知和动作发展

在结构游戏中，幼儿进行物体的操作动作（排列、组合、拼搭、接插等），为幼儿感知运动技能的发展提供机会。搭建中小型积木、积塑等结构游戏能发展幼儿的手眼协调能力，培养手的精细动作，锻炼手部小肌肉群，而小肌肉群的协调为幼儿以后书写能力的发展奠定坚实的基础。操作大型的结构游戏材料则可以锻炼大肌肉群的协调发展，幼儿在搬运大型结构游戏材料时可以感受到身体重心的变化，锻炼携物行走的能力。户外的活动如玩沙、水、雪等游戏活动，可以使幼儿更多地接触大自然，呼吸新鲜空气，增强幼儿的环境适应能力，促进幼儿的肌肉、骨骼以及关节的灵活与协调，使幼儿的全身都得到锻炼。

（二）促进幼儿认知发展

结构游戏可以帮助幼儿获得有关结构材料的大小、颜色、性质、形状和重量等方面的知识，并获得一些空间概念（上下、前后、左右）和数量概念。在结构游戏中，幼儿需要认识材料的特性，需要根据大小、颜色、形状进行比较和分类，然后搭建。幼儿需要了解材料之间的相互关系、力的相互作用等。这些都可以促进幼儿科学思维的发展，激发幼儿的想象力和创造力。

（三）促进幼儿非智力因素的发展

幼儿在结构游戏中将毫无意义的元件，构造成具有意义的整体。这个过程可以使幼儿发现自己的能力，增强自信心，发挥潜在的创造能力。结构游戏能锻炼幼儿做事认真、克服困难、坚持到底的品质。结构游戏是一种艺术造型活动，幼儿再现周围事物时，在颜色、形状、各部分比例上要体现美观、对称、协调的要求，从而锻炼幼儿的审美能力和表现美、创造美的能力。

真题链接

简答题

简述积木游戏对幼儿发展的影响。

（2021 年上半年国家教师资格考试《保教知识与能力》真题）

参考答案

积木游戏是深受幼儿喜爱的一种常见的游戏。积木游戏的形式松散，具有丰富的想象空间，没有固定的形式，可以为幼儿营造轻松、自由的氛围，让幼儿愿意主动参与其中。积木游戏对幼儿发展的主要影响如下：

（1）可以锻炼幼儿的动手能力和协调能力，促进幼儿的动作发展。

（2）发展幼儿的空间知觉，训练幼儿的观察能力和想象力，促进幼儿认知发展。

（3）积极促进幼儿与他人合作能力的发展，且语言交流能力能够得到提高，利于幼儿社会性的发展。

（4）幼儿能够体会到搭建积木的乐趣，促进幼儿积极情绪的发展。

（5）锻炼幼儿的专注力，培养其不怕困难、坚持不懈的个性。

第二节　结构游戏的组织与指导

一、结构游戏的几个阶段

结构游戏一般会经过选择材料、设想主题、进行建构、设想建构物的功能等几个阶段。不同年龄的幼儿在这些阶段有不同的表现，如表 4－1 所示。

表 4－1　不同年龄阶段幼儿结构游戏的表现

	小班	中班	大班
选择材料	材料选用盲目，对材料本身感兴趣，使用体积较大、形状单一、色彩鲜艳的材料。	可以增加一些废旧物品为材料。	合理选择与主题相关的材料。可以使用辅助材料；渴望与更多的材料互动。
设想主题	无法预先思考游戏主题；在建构时没有清晰的主题。	在选择材料前能思考游戏主题，并在玩的过程中逐渐明确主题。	有目的、有步骤，按一定顺序建构，目的性、计划性和持久性明显增强。
进行建构	能注意物体较明显的形状特征；喜好模仿；更多表现为叠高、平铺、延伸等低水平技能。	能感知物体的形体结构特征，拼搭出该物体的造型；能运用建构表现自己观察到或想象的事物；建构成品有预留空间，搭建规模扩大，但创新性不强。	能用常见的几何形体有创意地拼搭出较复杂的物体的造型或有主题的组合造型；搭建更逼真的形象，构思更新颖。
设想建构物的功能（利用建构物玩角色游戏）	在建构后产生功能假想；游戏容易中断，常常受别人或其他事物的干扰。	能在建构过程中产生假想；对操作过程和结果都感兴趣，具有独立整理建构玩具的能力。	动手建构前就有假想，渴望自己的作品在群体面前呈现；更加爱护建构材料和建构成果。

二、结构游戏的准备工作

（一）布置开放的物质环境

结构游戏区域的设计，除了遵循区域设计的总原则外，还有其特别的设计注意点。

以积木区为例，地上要铺上地垫，以减少积木落地的噪声。幼儿在玩积木后常常利用建好的结构继续玩角色游戏，所以积木区可以建在角色区旁边或对面，以方便两个区域间幼儿互动。积木区在幼儿园属于相对比较吵闹的区域，不能和安静的区域相邻。积木区四周摆放低矮的玩具架，架上摆放建构材料，方便幼儿拿取；材料分类放在贴有标签的透明盆里，标签向外；墙上可以贴上材料操作步骤图、建筑物的实物照片、进入区域的规则、建构范例图片等。

为了避免幼儿相互碰撞，破坏幼儿的建构成品，积木区占地要相对较大。如果是中大型积木，甚至可以占用活动室的大部分空间。因此，教师需要灵活拓展幼儿的活动空间，室内（活动室、寝室）、室外走廊，甚至户外操场都可以成为幼儿游戏的空间（见图 4－2）。所以，结构游戏的物质环境有三种：班级结构区角、整间活动室式的建构工作坊和户外建构。

图 4－2　户外结构游戏

（二）给予充足的游戏时间

结构游戏需要充足的游戏时间。幼儿园每天要有半个小时以上的时间组织幼儿玩结构游戏。这个时间可以是专门的结构游戏时间，也可以利用入园、离园的间隙组织游戏。游戏时间应具有一定的弹性，不要过于刻板。如果幼儿在游戏过程中表现出浓厚的兴趣和创造力，正在进行复杂的建构或合作活动，教师可以适当延长游戏时间，满足幼儿的需求。

（三）提供符合幼儿年龄特点的结构材料

可以用来建构的材料很多，教师需要及时更换和补充。游戏材料一般要丰富，种类至少 4 种，数量要满足 6 名幼儿同时玩要。教师可以广泛搜集废旧物品作为辅助材料，如用易拉罐替代中型圆柱形积木。教师可为幼儿准备一些小人模型，供幼儿放到自己搭出的建筑物上，以增加幼儿建构的乐趣。

在使用的结构材料上，小、中、大班应有不同。小班材料色彩鲜艳、大小适中、便于操作，同时由于小班幼儿模仿性强，同种材料要准备多一些，如大颗粒的塑料积木、泡沫积木等，方便幼儿抓握和操作，还可以准备一些柔软的毛绒玩具、彩色纸条等辅助材料，让幼儿进行简单的拼搭和装饰；中班需要种类各异的、有一定难度、需一定力度操作的材料，如木质积木、空心积木等，同时提供一些辅助材料，如纸盒、易拉罐、小木棍等，让幼儿能够进行更复杂的建构活动；大班要选用精细的、有难度的、创作余地更大的结构性材料，如小型积塑、乐高积木、金属构件等，还可以投放一些废旧物品，如旧轮胎、废纸箱、塑料管道等，鼓励幼儿进行创造性的建构和设计。

结构材料可以放在低矮无门的玩具橱里，材料和辅助材料需要分类整理摆放，存储器皿上要有标识。另外还可以专门设计一处作品陈列区，陈列幼儿作品或者作品的照片。放结构材料的玩具橱放在结构游戏区域四周，形成自然隔断，与其他区域分开。图 4-3 所示为结构游戏材料。

图 4-3　结构游戏材料

（四）幼儿拥有对物体和建筑物的印象

在结构游戏中，幼儿将现实生活中的各种物体形态或自己想象中的物体具体化，创造性地反映社会生活。幼儿对周围生活中的物体或建筑物了解得越细致、印象越深刻，其建构活动就越丰富和充实。因此教师应在日常生活和教育活动中，引导幼儿对身边的物体或建筑物进行细致观察，着重认识物体的外形特征、各部分形状、结构特点、颜色、名称等。本单元任务描述中，陈老师让幼儿回忆自己见到的轮船，但没有引导幼儿回忆轮船的外形、组成部分、结构、颜色等具体表象，幼儿则把重点放在和谁做了什么事上，对轮船却无深刻的印象，自然搭不出轮船的立体造型。

（五）掌握建构的基础知识和技能

建构的基础知识和技能包括识别材料（大小、形状、凹凸、颜色等特征）、建构操作技能（排列组合、接插镶嵌、拼搭连接、穿套、编织、黏合造型等方式）、建构分析技能（学会看平面图形、分析建构范例）。

小班幼儿应认识建构的材料，能够叫出名称，并且认识建构材料的形状、大小和颜色，技能上要学会铺平、延长、围合、盖顶、加宽、加高，识别上下、中间、旁边等方向，会用材料建造简单的物体，并将物体的主要特征表现出来。

中班幼儿认识高低、宽窄、厚薄、轻重、长短、前后等，会选择利用建构材料，比较正确地建构物体。

大班幼儿会区分左右，建造的物体比中小班幼儿更精细、整齐和匀称，结构更加复杂并具有创造性，会使用辅助材料装饰自己建构的物体，可以进行合作性游戏。

三、结构游戏的现场指导

幼儿建构过程中，教师要尊重幼儿，从物质上和精神上给予幼儿支持。教师巡回观察和了解幼儿游戏状况，站在幼儿的立场上，以幼儿的眼光来看待游戏。了解幼儿什么时候需要什么帮助，适时把握介入时机，以玩伴的身份积极参与幼儿游戏，用示范、引导的方式，及时给幼儿提出合理化的建议，引导幼儿自主游戏。

（一）结构游戏的方式

结构游戏的常见方式有以下三种。

1. 模拟构造的游戏

模拟构造的游戏是指模仿结构实例的构造活动。模仿的实例从易到难分别是：结构物的模拟（模仿范例）→图纸中结构物的模拟→实物的绘画、照片等平面形象图的模拟→实物、玩具等具象的模拟。

模拟构造时，教师要指导幼儿用建构分析的方法去观察。其基本步骤一般为：分析范例→演示建构技能和建构难点→指导幼儿分步建构各结构部件→将结构部件组合成整体。

2. 命题构造的游戏

命题构造的游戏主要是指定主题的构造游戏，其目的在于培养幼儿构造的目的性，发展幼儿构思的能力。例如教师要求幼儿建构鸭子、公园等。

3. 自由构造的游戏

自由构造的游戏是指幼儿按自己的意愿进行的创造性游戏。教师不指定主题，主要目的是发挥幼儿的独立性与创造性。例如教师请大班幼儿建构一个礼物，送给小班幼儿等。

（二）结构游戏指导的基本环节

1. 引导幼儿提出建构主题，形成初步建构方案

教师注意观察幼儿的兴趣和需要，引导幼儿自己提出建构主题。建构主题确定后，幼儿头脑中应该有初步的建造方案，为此教师可以在游戏前进行引导，让幼儿对游戏主

题、布局及游戏的顺序进行思考。如在建造“我的幼儿园”时，教师引导幼儿围绕这一主题进行讨论：幼儿园需要建构什么？幼儿争先恐后地发言后，建构方案就大致勾画出来了。如果主题比较陌生，那么教师要和幼儿一起收集素材，外出参观、观察实体、翻阅书籍资料、加深印象，再进行建构。结构游戏的一个主题可以进行多次游戏，层层深入。教师有顺序地提供结构游戏材料，应该由浅到深、由简单到复杂。一般使用游戏材料的难易程度为：摆弄实物分割的材料→排列有形物的分割材料（如拼图、镶嵌板等）→几何形板块的任意组合（如积木、七巧板等）→操作无形象意义的结构元件（低结构材料）。教师提供低结构材料的同时，要指导结构操作技能。

教师要注重培养幼儿设计构思的能力，不能让幼儿拿到材料就漫无目的地开始建构，应该让幼儿先想好要建构的物体是什么样子的，如何来建构，需要哪几种形状的积木或材料，选用什么颜色，怎样组合……然后再建构，这就是设计构思的能力。

2. 巡回观察，判断需求，自然介入，适度点拨

幼儿建构时需要遵循一定的规则。这些规则包括：不能争抢材料；不能将材料乱扔、敲打材料；爱护他人和自己的建构成品；分享材料、合作；懂得谦让；用正确的方法使用材料；有顺序地摆放材料，用完放回原处等。

当幼儿处于游戏低潮、情绪不佳、遇到自己无法突破的技能障碍、游离游戏情景、延伸拓展游戏内容有困难、出现负面行为、不遵守规则、环境中出现不安全因素或者获得成功时，都需要教师及时介入和适度点拨。但教师介入还需要注意时机。例如幼儿游戏时不知如何将两个雪花片合拢做成眼镜，此时教师需要仔细观察，如果幼儿专注地寻找办法，屡败屡试，教师不要介入，只有幼儿多次失败，几近气馁放弃之时，才可介入。此时有四种方法介入：一是让幼儿观察旁边同伴的做法；二是回忆迁移自己过去曾经的搭建经验；三是点拨幼儿激发灵感（如让幼儿思考，你现在用手连接了两个眼镜，那有什么材料可以代替你的手起到连接的作用）；四是让幼儿保留疑惑到游戏结束，请小朋友一起帮他想办法，以达到教师自然、适度介入的效果。

表 4－2 列举了几种教师是否介入游戏的判断理由。

表 4－2　教师是否介入游戏判断

幼儿游戏中的表现	是否需要教师介入	判断理由
幼儿观察墙上的汽车图片，接着转身去取材料开始构建。	否	幼儿十分专注，游戏进展顺利。
幼儿做好汽车后手持汽车在桌面上开来开去。	否	幼儿十分专注，游戏进展顺利。
幼儿给同伴看自己的作品，但别人并不感兴趣。幼儿便在原地反复摆弄自己的汽车，脸上的笑容随之消失。	是	此时幼儿处于游戏低潮，教师及时介入，可以使游戏得到发展。

续表

幼儿游戏中的表现	是否需要教师介入	判断理由
经过老师的点拨，幼儿加大了汽车的车身，画出了汽车车窗，加上了车灯，幼儿高兴地请老师来看。	是	当幼儿获得成功时，教师的介入能使幼儿获得成就感。

3. 引导交流，欣赏作品，多样化点评

幼儿完成建构后，需要得到夸奖和赞美，并希望与同伴分享成功的喜悦。此时教师可以引导幼儿欣赏彼此的作品。教师让幼儿说说自己搭的是什么、和谁一起搭的、搭的时候遇到了什么困难。教师可以引导幼儿对作品进行评论欣赏和赞美。如在建好公园后，让幼儿沿着“马路”走一圈，这样不但加强了幼儿的自信心，还让幼儿体验到建构的快乐。

游戏之后的点评可以采用多样的评价方式。如果想要引导幼儿更深入地分析和解决问题，就可以采用问题式评价；如果想要引导幼儿学习作品，可以采用欣赏性的评价。评价是引导幼儿提升游戏水平的重要环节。教师可以和幼儿一起思考游戏过程中出现的问题，提出解决的方法和改进的措施，推进下一次游戏的顺利进行。除了评价作品本身，教师还应引导幼儿对游戏过程进行评价，如幼儿完成任务的坚持性、目的性、创新性，与幼儿共同探讨研究游戏的新玩法。

在小班，评价一般以教师为主、幼儿为辅，中班则是师幼共同评价，大班就需要幼儿自己来评价。教师可以组织幼儿自由讨论谁建得好、好在哪里，让幼儿懂得吸收他人的长处，弥补自己的短处。

4. 整理场地

提前 5～10 分钟提醒幼儿游戏将要结束。游戏正式结束后，幼儿要负责整理场地，并将材料复原。如果有的幼儿不舍得将自己的作品还原，教师可以与之商量，拍照存底后再还原。杜绝有的幼儿不征求本人意见，就破坏他人作品的行为。教师要培养幼儿尊重他人劳动成果及游戏后整理场地、还原材料的行为习惯。

（三）各年龄班结构游戏的指导重点

1. 小班结构游戏的指导重点

小班幼儿对结构动作感兴趣，掌握的建构技能比较简单，“重复”“摆弄”“堆高”“推倒”等是常见的动作。他们搭建物体时没有目的，不会事先构思要建构什么，只是当别人问起时，才开始注意并试图给自己的搭建物起一个名称，因此表现为建构时缺乏目的性和计划性，建构的主题不稳定、易中断。另外，小班幼儿主要通过材料的形状来理解材料的用途，材料选用盲目，开展游戏时坚持性差，同伴之间也很少交流。

小班结构游戏的指导重点如下：

（1）引发幼儿对结构游戏的兴趣。教师可以有意识地向幼儿示范搭建简单的物体，也可以带领他们参观中、大班幼儿的结构游戏，引起幼儿对结构游戏的兴趣。

（2）帮助幼儿认识结构材料，知道结构材料的名称和主要特征。帮助幼儿学习平铺、延长、围合、盖顶、加宽、加高等技能，识别上下、中间、旁边等位置，鼓励幼儿独立尝试建造简单的物体，能将物体的主要特征表现出来。

（3）引导幼儿，使游戏主题稳定。教师要经常有意识地让幼儿说出自己所建构物体的名称，也可以根据孩子搭出的形象起一个适当的名称。教师要引导幼儿理解和明确结构游戏的目的性，发展他们的想象力，使游戏主题逐渐稳定。

（4）建立结构游戏常规。结构游戏开始时，教师要给幼儿安排结构场地和准备足够数量的结构元件。结构元件应每人一份，减少不必要的争抢，使他们能彼此不妨碍地开展游戏活动。要教会幼儿整理和保管玩具的简单方法，使他们能参与整理玩具的部分工作，培养其爱护玩具的习惯。

2. 中班结构游戏的指导重点

中班幼儿的游戏目的比较明确，能够按主题进行建构，但主题单一。他们对结构材料比较熟悉，能根据结构物的特征选择材料。此外，中班幼儿能独立建构一些较复杂的物体，建构技能以架空为主，能按要求美化结构物。他们坚持性较强，与同伴交往与小班幼儿相比大为增多，已经可以独立地整理玩具。

中班幼儿结构游戏的指导重点如下：

（1）丰富幼儿的生活经验，增加结构知识。教师可以结合各科教学或利用散步、参观等各种活动，加强幼儿对结构造型方面的了解。

（2）提供适宜的结构材料及辅助材料，使幼儿学会根据结构物特征有目的地选择材料。

（3）指导幼儿识别高低、宽窄、厚薄、轻重、长短、前后等，引导幼儿学习设计结构方案，学会看平面结构图。

（4）引导幼儿分工合作开展建构活动，组织小型集体结构活动（3～4 人），教会他们共同讨论，确定方案，进行分工，友好合作地游戏。

（5）组织幼儿评议建构成果，鼓励他们独立、主动地发表意见，肯定幼儿的发明创造，使他们能自己表达结构物的主题，促进幼儿创造性思维的发展及提高其结构水平。

3. 大班结构游戏的指导重点

大班幼儿结构游戏时的目的性、计划性大为增强。他们能较长时间地围绕一个主题进行建构活动，直到达到目的为止；有一定的独立建构能力，建构技能日趋成熟，追求结构的逼真和漂亮，希望自己的作品有新意；他们能事先进行一定的设想、规划，使用的游戏材料丰富、多样；能围绕结构物进行情节复杂、内容多样的游戏；合作水平提高，集体观念增强，能几个人一起合作建构一样东西。

大班幼儿结构游戏的指导重点如下：

（1）丰富幼儿的结构造型知识，增强其对生活的印象。

（2）提供广泛、适宜的材料，帮助幼儿掌握新的结构知识和技能，重点指导幼儿运用新的技能去实现自己的构思。幼儿在围绕一个主题进行建构时，学习表现物体的细节和特征，学习准确表现游戏的构思和内容，会使用结构材料和辅助材料。

(3) 指导幼儿的集体建构活动，引导幼儿开展人数多、持续时间长的大型建构活动。

(4) 培养幼儿独立建构的能力，并要求按计划、有顺序地进行构造。建构物要更加精细、整齐、匀称。

(5) 提高幼儿对结构游戏成果意义的认识，使幼儿在欣赏自己及同伴的作品中，逐步培养自我评价与评价他人的能力。

真题链接

材料分析

三名幼儿用彩色积塑玩建构游戏，各自搭建了一件作品，幼儿甲说不出自己搭的是什么，没有命名（如图 1 所示），幼儿乙说自己搭的是爱心（如图 2 所示），幼儿丙说自己搭的是单峰骆驼（如图 3 所示）。

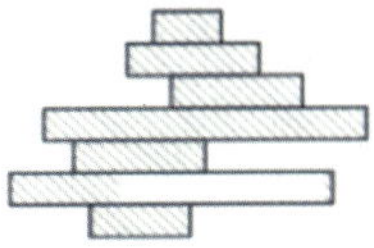
图 1

图 2

图 3

问题

请分析上述三件作品各自体现的幼儿建构游戏水平。

（2024 年下半年国家教师资格考试《保教知识与能力》真题）

参考答案

1. 幼儿甲

(1) 材料选择的盲目和简单。幼儿甲在选择活动材料时比较单一，没有目的性，说不出自己拼搭的是什么。

(2) 结构技能简单。幼儿甲在建构时使用的技能是铺长和垒高。

(3) 主题建构的无计划性。幼儿甲建构时，还不会预先想好所要塑造的形象，然后有目的地建构，仅对结构材料、结构动作感兴趣。该幼儿建构游戏形式主要是自由和模拟构造，喜欢独自或平行游戏。

2. 幼儿乙

(1) 建构技能主要以架空为主。叠高和架空是幼儿乙用到的两种主要技能。

(2) 幼儿乙有建构主题，能说出自己拼搭的是爱心，能够拼搭出简单物品的基本造型。

3. 幼儿丙

(1) 有较强的建构目的性、计划性和持续性。幼儿丙主题明确地拼搭了单峰骆驼。

(2) 能综合运用各种建构技能：平铺、垒高、架空围合、封顶、对称、转向、穿越等。幼儿丙创作的作品中运用了多种复杂的建构技能，有创意地拼搭出了一个复杂的物体。

四、玩沙游戏及其指导

沙子是一种自然的建筑材料，配合辅助工具，幼儿可以开展变化无穷的结构游戏。各个年龄段的幼儿都喜爱玩沙游戏，从装沙子堆小山到借助工具造型，无不折射出幼儿的想象力和创造性。玩沙游戏往往在家中会受到限制，所以幼儿园应为幼儿创设条件。

玩沙游戏也属于结构游戏。幼儿在玩沙时可以无拘无束地随意活动、宣泄情绪。同时玩沙可以练习幼儿大小肌肉的动作，锻炼操作能力，发展幼儿的感知能力。玩沙时幼儿学习估算、测量，认识形状，发展智力。玩沙时幼儿常常多人一起共享沙场，交流不可避免，因而能够提升幼儿的社交技能。图 4－4 为幼儿在玩沙。

图 4－4　幼儿在玩沙

（一）准备工作

幼儿园操场可以在树荫下建立沙地，这样面积大，幼儿活动余地也大。如果没有树荫，天气热时，可以设太阳伞遮阴。如果没有条件，可以设置小的沙箱。沙箱在室内或户外都可以设置，沙箱的优点在于可移动。

干沙不容易造型，只有湿沙才可以满足幼儿玩耍的要求。为了保持沙子湿润，教师需要经常洒水，因此沙区需要设置在近水源的地方。添加玩沙的辅助工具和材料，如小桶、小铲、模具、树枝、小棍等，往往可以增加幼儿玩沙的兴趣。沙区可以在水区的旁边，这样方便两区共用辅助玩具，也方便幼儿在水区洗手及取水保持沙子湿润。

（二）过程指导

(1) 游戏前对幼儿提出要求，如注意安全，不扬沙，不挥舞铲子，不把沙子弄到池外、箱外等。

（2）注意观察幼儿游戏。

（3）注意培养中大班幼儿游戏的目的性及幼儿相互间合作能力。

（三）整理场地

（1）提前5～10分钟提醒幼儿游戏结束。

（2）提醒幼儿把游戏材料和工具收回，放置在指定地方。

（3）把不小心弄到外面的沙子扫起来倒入池内。

（4）提醒幼儿相互把衣服拍打干净，抖掉裤脚、外套上的沙子并洗手。

幼儿园情景再现

好玩的沙子

在幼儿园的户外活动区域，有一片充满趣味的玩沙场地。今天，大班的幼儿迎来了期待已久的玩沙游戏。

游戏开始，幼儿像欢快的小鸟奔向沙池。这时，教师在一旁观察，留意到有几名幼儿有些茫然，便适时引导："你们看，这些工具可以怎么用呢？小铲子能挖出什么形状？小桶又能做什么呢？"幼儿受到启发，开始积极探索。有的幼儿独自拿着小铲子，把沙子装进小桶，尝试堆出一座小小的城堡；有的幼儿则用筛子仔细筛选沙子，观察沙粒的流动。

很快，几名幼儿决定合作搭建一座大型"梦幻城堡"。他们分工明确，有人负责铲沙、运沙，有人用模具制作精美的"城堡部件"。在搭建时，城堡总是倒塌，大家有些着急。教师见状，走过去问道："想想看，生活中那些坚固的建筑有什么特点？我们怎么能让沙子也变得更牢固呢？"幼儿围在一起讨论，有人提议多加水，有人说要把沙子压实。经过反复尝试，幼儿终于成功搭起了一座宏伟的城堡。

城堡建完后，幼儿用贝壳、塑料小动物等装饰城堡，开启"城堡派对"游戏，有的幼儿扮演派对"主人"，热情迎接"客人"；有的扮演"厨师"，准备美味的"食物"。教师在一旁适时提问："派对上还需要什么呢？有没有更有趣的角色可以扮演？"引导孩子们拓展游戏情节。

游戏结束，幼儿围坐在一起，分享游戏经历，教师给予肯定，鼓励他们下次想出更多新奇的玩法。在教师的指导下，幼儿通过玩沙游戏既收获了快乐，又提升了创造力与合作能力。

五、玩水游戏及其指导

虽然玩水游戏不是一种严格意义上的结构游戏，但是游戏过程有着结构游戏的特点，我们将它纳入结构游戏的范畴。玩水是幼儿最喜爱的游戏之一。玩水游戏使人专注，感到舒适，尤其在夏天，幼儿玩水后感到清爽和愉快。玩水游戏可以使幼儿从压抑和紧张中解放出来。玩水时幼儿常常和同伴有较多合作和交流，因此它能促进幼儿的社会性发展。倒水与量水的游戏可以发展幼儿手眼协调能力，幼儿在玩水中可以丰富关于水的经验，能够感知容积守恒的概念，发展智力。

（一）准备工作

（1）根据计划决定玩什么样的玩水游戏，用什么样的水，如肥皂水、有颜色的水、清洁的水、热的水或冷的水。

（2）配置游戏设备和辅助材料。有条件的幼儿园可以在户外设立水池、干净的排水渠，搭建开放性的水管、喷水池。没有条件的可以在室内放置水盆。

（3）准备游戏穿戴的防水围裙、袖套、毛巾等物品。

（二）过程指导

（1）游戏前引导幼儿讨论游戏应该注意的问题。

（2）让幼儿往盆里倒水，并放置好游戏设备和辅助材料。教师利用这一机会，导入游戏。

（3）中大班幼儿可适当强调游戏的教育目的（与水有关的科学实验）。

（4）随时提醒幼儿注意不要把水弄到外面、弄湿衣服。

（5）教师应注意观察和倾听，判断时机介入引导。

（三）整理场地

（1）游戏结束时，如果是室内水区需要倒掉水，幼儿可舀出盆里的水用于浇花草。

（2）用抹布擦干水盆和玩具。

（3）把设备和材料放回指定位置。

（4）换掉湿衣服。

幼儿园实景

解锁沙水新玩法

参考阅读

大班结构游戏“家乡的公园”

游戏准备

（一）材料准备

（1）湿沙、石头、卵石、宝石花插塑、魔力棒插塑、积木等主材料。

（2）公园的地图，小人玩具，花、树、亭子、栏杆、水池、草皮、木板等模型辅助材料。

（3）各种形状的压模、铲子、小桶等工具。

（二）环境创设

幼儿合作设计并逐步丰富的“家乡的公园”规划图。

指导建议

（一）游戏开展前

1. 请家长带幼儿游览家乡的公园，引导幼儿了解公园里主要的活动区域。

让幼儿说说哪些地方是自己最喜欢的，哪些地方是最有特色的等。如：××公园有大大小小的池塘，里面种着荷花，公园里还有亭子，我们可以坐在里面休息；××公园有各种造型的桥；××公园有树、草坪和沙池等。

2. 引导幼儿围绕自己经常去的公园，交流分享有关公园的经验。

如，公园的名字叫什么？公园里有哪些活动休闲的地方？这些地方在公园的什么位置？说说自己最喜欢公园里的什么地方（如绿化带、休闲亭子、池塘、小桥、游乐场等）。

3. 成立建构小组。

（1）明确要建构的公园，幼儿按意愿自由组合，推选小组长，为建构小组命名，可以按照公园的各个区域名称来命名，如大门围墙组、绿化组、游乐场组、休闲区组等。

（2）小组讨论并且绘制负责区域的建构内容，表现其外形特征，体现公园的特色。

（3）各个小组根据建构内容，收集、制作相关的资料和图片，做好前期的准备。

4. 根据幼儿的兴趣，开展“家乡的公园”的主题活动。

让幼儿在主题活动中感受家乡公园的特色和美丽，充分了解公园的主要环境和建筑，讨论能否把公园建在沙上、需要什么材料和工具、应该怎么建构等，引发幼儿在沙上建构公园的愿望。没有沙上建构条件的幼儿园可用其他材料替代。

（二）游戏过程中

1. 游戏导入。

（1）初期的导入方式——分享对公园的已有经验，明确需要在沙上建构的公园区域以及主要建筑等内容。

引导语：你们想在沙上建构家乡的哪个公园？公园里有哪些美丽的环境和活动区域？（休闲区、绿化带、大门、围墙、娱乐健身区等）要在沙上建构这些区域，你们想怎么建构？用什么工具？建构过程中要注意什么？

前一段，每个小组都设计规划好了要建构公园的内容和区域，还收集了许多材料和工具，今天就按你们的建构方案建构吧！在沙上建构要注意哪些方面的安全？（提醒幼儿不要把沙子弄到别人的眼睛里，使用工具时要注意安全）

（2）中期的导入方式——根据初期建构公园的情况，引导幼儿在欣赏上次建构成果的过程中，学习他人的建构技能，观察、发现问题，讨论解决问题的方法；同时，调整公园各个区域的位置和布局，使其规划更加合理。

通过上次游戏的照片导入，帮助幼儿了解同伴建构的技能。例如，挖池塘的过程中，需要先用铲子划出池塘的形状和范围，采用多人合作的方式挖出池塘的沙子，最后用铲子压平。

展示有问题的建构作品，引导幼儿观察并发现问题，鼓励幼儿想出解决问题的办法。例如，挖小桥的时候怎么避免塌陷，注意解决沙雕建筑和底座的连接、材料选择的适宜性、各区域建筑设施的大小比例等问题。

以上次游戏评价时幼儿提出的问题导入。例如，幼儿提出建构公园大门和围墙，需要使用大型宝石花插塑连接围合才能牢固。

为了使各区域建构布局更加合理，教师可以问题导入。例如，公园里有那么多活动的地方，××区域要安排在哪里更合适？怎样摆放各种建筑设施更适合人们观赏景色、休闲娱乐？

(3) 后期的导入方式——引导幼儿迁移以前建构幼儿园的经验，启发幼儿大胆想象，增添自己喜欢的内容，丰富公园建构的内容。

引导语：你们还想在公园增加哪些建筑和设施？把哪些地方扩大？怎样让公园更美、更有家乡的特色？（在沙上的公园挖出更多小路，增加沙坑，增加设施，增加具有家乡特色的植物、建筑，在游乐场增加迷宫等）引导幼儿用小人玩具模拟在公园里活动。

在家乡的公园里，你们会做些什么？（如在公园里晨练，在游乐区玩沙、走迷宫，在池塘边欣赏荷花，在草地上野餐等）

2. 游戏观察。

(1) 初期的观察要点：幼儿是否明确“家乡的公园”的结构。例如，要有公园的大门，围墙，花、草、树木等绿化带，游乐场，亭子，小桥等。

(2) 中期的观察要点：幼儿是否创造性地使用沙、石头等主材料和辅助材料，用挖、堆、铺平、印模、雕塑等技能表现公园的小路、亭子、池塘和游乐设施的特点。小组之间是否能相互协商各活动区域的位置，合理摆放各种建筑设施等。

(3) 后期的观察要点：幼儿是否能创造性地拓展、增添反映公园特色的活动区域或活动内容，体现公园的独特性，以及模拟公园中游客的各项活动（如锻炼、欣赏风景、聊天等），体验模拟游戏带来的乐趣。

(4) 游戏过程中一直要注意的观察要点：幼儿的协商、合作、互动、交往、想象、创造的情况，遇到问题解决问题的情况以及对建构作品的语言表达情况。

（三）游戏分享

1. 初期的分享。

组织幼儿欣赏初步建构好的“家乡的公园”，由小组代表介绍本小组的建构作品。

引导语：今天你们小组负责建构公园的什么地方？你们搭建了哪些景物？哪些是用沙建构的？你们是怎么建构的？在建构的过程中，你们遇到了什么问题？是怎么解决的？

2. 中期的分享。

结合建构作品，分享解决问题的方法以及各活动区域的布局和摆放情况。

(1) 分享解决问题的方法：上次建构中遇到××问题，今天你们用大家提出的方法调整了吗？调整后和调整前的建构对比怎么样？（教师可以展示上次建构作品的照片进行对比，如：上次在沙上挖小桥的时候很容易塌陷，分享的时候可以请幼儿介绍改进的方法，对比现在小桥的桥面和之前的桥面的照片有什么不同，方法是否有效）

（2）引导幼儿介绍各建构区域的布局和摆放情况：你们每个小组负责公园的哪个地方？它们在公园的哪个位置？里面的建筑和设施是怎么摆放的？合理吗？有哪些地方需要调整？

（3）引导幼儿介绍表征公园大型建筑外形特征和细节的方法：今天在公园里你们合作建构了哪些沙上的大型建筑？你们是怎么建构的？用了什么材料表现它的外形和细节？（建构公园亭子回廊的时候，在回廊两边搭建了栏杆和供游客休息的长椅，在小桥的桥洞上方贴上小桥的名字，湖里摆放小船等）

（4）引导幼儿进一步丰富建构内容：你们认为公园还可以增添哪些富有家乡特色的景物或区域？还需要收集、制作哪些建构材料？

3. 后期的分享。

继续丰富公园建构的内容，创造性地表现幼儿喜欢的公园环境。

引导语：今天在沙上搭建的公园里你们新增了哪些活动区域、景物和设施？它们有什么吸引游客的特色？你们喜欢公园的哪个活动区域？如果你是游客，你会在“家乡的公园”里做什么？你还想增加哪些内容？

（四）游戏结束后

1. 每次建构游戏结束后，教师可以将各小组建构的成果拍摄下来，供全体幼儿欣赏，启发幼儿在原有建构的基础上继续丰富，创造性地表现自己心中喜欢的公园。

2. 对公园中需要制作的牌子、绿化带的花草树木、温馨提示牌、湖水、小鱼等辅助材料，可以引导幼儿在美工区中完成。

资料来源：“福建省幼儿园教师教育用书”编写委员会．领域活动指导：大班下册．福州：福建人民出版社，2017.

参考阅读

中班结构游戏“马路上的车”活动实录

幼儿园实景

中班建构游戏：
马路上的车

经验预期

1. 懂得选择合适的建构材料，运用交错、延长、围合、叠高等技能，创造性地搭建自己熟悉的车辆。

2. 能合理使用替代物，表现出不同车辆的主要外形特征。

3. 能迁移生活经验，合理摆放车辆及主要道路交通设施。

4. 在游戏中学会相互协商、分工、合作，体验自主游戏的乐趣。

第一阶段：单个建构活动实录

第一次活动：搭建小轿车、卡车、公共汽车

1. 教师借助汽车玩具，巩固幼儿对小轿车、卡车、公共汽车外形的认识。

师：这些是你们带来的汽车玩具，这是什么？（请幼儿说出名称：小汽车、卡车、公共汽车）这些车由哪些部分组成？（车身、驾驶室、车轮）

2. 教师示范讲解运用小宝石花胶粒搭两种常见车辆。

（1）教师示范讲解运用交错、延长的技能搭出“车身”。

（2）引导幼儿把“驾驶室”安装在不同的位置，表现出小轿车、卡车、公共汽车的外形特点。（小轿车驾驶室在车身中间，卡车驾驶室在车身的一端）

3. 幼儿选择小宝石花胶粒和炮弹胶粒来搭建两种常见车辆。（教师观察幼儿能否运用交错技能，将车身变长、变宽，提醒幼儿合理安装“驾驶室”）

4. 听音乐收拾胶粒，提醒幼儿将作品摆到地垫上。（教师观察幼儿收拾环节，是否会摆放作品、收拾桌面和地面上不用的胶粒，提醒先收好的幼儿和同伴交流作品）

5. 教师围绕交错技能的运用和车辆外形开展讲评。

师：你搭的是什么车？你是怎么连接胶粒搭出这辆又长又宽的车呢？你还见过哪些车？它们的外形是什么样的？你能说出这些车辆的名字吗？

点评：活动中教师准备了小轿车、卡车和公共汽车玩具，小宝石花胶粒、炮弹胶粒。在活动中幼儿运用交错、延长的技能，使用小宝石花胶粒、炮弹胶粒搭出自己喜欢的车。在教师的启发下能大胆向同伴介绍自己搭建的车辆名称。幼儿全过程积极参与。

第二次活动：搭建警车、消防车、救护车

1. 教师借助汽车图片，巩固幼儿对警车、消防车、救护车的颜色、外形的认识。

师：警车、消防车、救护车的外形就像我们搭过的什么车？它们都有自己固定的颜色，你知道是什么颜色吗？让我们一起来说一说（白、红、白）。它们身上还贴着自己特有的标志（警徽、119 数字、红十字）。

2. 教师示范讲解运用中宝石花胶粒搭车辆的关键方法，引导幼儿迁移学过的交错、延长、加宽的技能，选择相应颜色的胶粒搭车辆。

3. 教师提出安装车轮的注意点，提醒幼儿选择合适的“车轴”（吸管）。

师：连接两个车轮用到的这根，我们叫它“车轴”，前后轮的两根车轴要一样长。老师拍到了这样的车轮（出示照片），你们想对选择车轴的小朋友提什么建议？（前轮和后轮的车轴要一样长）另外，我们在选择车轴时，不仅要注意到两根一样长，还要注意车轴的长度和车身的宽度要比较接近，车轴不能太宽。

4. 幼儿选择中宝石花、炮弹等各种胶粒搭自己喜欢的车辆，体现外形和颜色特征，教师提醒幼儿将作品摆到地垫上。

5. 教师围绕幼儿选择颜色、表征外形情况进行讲评。

师：今天你搭出了什么车？它是什么颜色、什么形状的？你是怎么搭出高高的云梯的？你用了哪些好办法搭出这些又大又长的车辆？

点评：此次汽车的造型复杂一些，教师提供了除汽车图片、中宝石花胶粒、炮弹胶粒外还其他辅助材料：车轴（吸管）。教师通过关键细节的示范，引导幼儿迁移以往迁移搭小轿车、卡车和公共汽车的经验，运用交错、延长、加宽的技能，搭出又长又宽的车辆。在活动中幼儿选择合适的颜色，使用中宝石花胶粒搭建车辆，与前一次搭建相比，增加了一定难度。搭建后幼儿大胆向同伴介绍自己搭建的车辆名称。幼儿参与度较高。

第三次活动：搭建旅游大巴

1. 教师出示旅游大巴车的玩具，引导幼儿关注大巴车内部中空的特点。

师：这是你们带来的汽车玩具，它叫什么名字？（旅游大巴）你看，它的中间是空的，可以坐很多人，还可以摆很多椅子。

2. 教师示范讲解运用围合的技能搭车。

师：这和我们以前搭过的车有点不同，我们要搭出一辆中间空空的旅游大巴。今天我们要用到围合的办法，看老师怎么用围合的方法搭一个中间空空的物体。大家动脑子想一想，怎么将这个技能用到我们搭的旅游大巴上。

3. 教师介绍材料，提出搭车的注意点。

(1) 要让人一眼就能看出你搭的是什么车，要注意车的颜色和标志与你想搭的车一样。

(2) 让搭完车的幼儿观察马路的照片，想想马路上的车如何行驶才不会相互碰撞。（启发幼儿用胶粒铺出一条分道栏杆）

4. 幼儿选择各种胶粒搭三种常见车辆。（教师观察、指导幼儿使用 H 形胶粒围合车身的情况，提醒幼儿将作品摆到地垫上）

师：今天你用什么胶粒搭了什么车？

5. 教师引导幼儿大胆介绍自己的建构作品，交流分享建构中的经验。

师：你们看这条马路又长又宽，可以开许多汽车，真好啊！你们又是用什么材料搭马路上的分道栏杆的？你们看，这条栏杆又长又直，把马路分成了两个车道，汽车开在路上更安全了，真棒！

6. 教师指出“同一个车道，汽车不同向开”的问题，引发幼儿思考“该怎样摆放搭好的汽车”的问题。

师：在这两个车道上，汽车可以朝哪个方向开？我们一起来说说。在同一个车道内，汽车要怎么开才安全呢？

点评：教师准备的材料比前一次增多，除了汽车玩具、泡沫地垫，继续提供小宝石花、中宝石花、炮弹胶粒外，增加了 H 形胶粒和搭车轮的辅助材料。在活动中幼儿大胆向同伴介绍自己搭建的车辆名称，运用围合、延长、交错的技能，使用 H 形胶粒或其他各种胶粒搭出自己喜欢的车。

第二阶段：组合活动实录

组合活动一

1. 教师通过谈话导入，引导幼儿回顾前期建构经验。

师：最近我们都在用胶粒搭些什么呢？（汽车）你会用什么胶粒搭什么车呢？（小轿车、公共汽车、卡车）小朋友真棒！我们不仅会搭出各种各样的车，我们还会把它们摆在泡沫地垫上，组成一条大马路。

2. 教师借助PPT展示照片，指出上次游戏存在的不足，提出本次游戏的要求。

（1）引导幼儿观看上一次建构的马路图片，出示新增的箭号，教师和幼儿讨论出摆放车辆的要求。（即不要挤在一起，要按箭号提示的方向摆放车辆）

（2）观看上一次搭的分道栏杆，建议幼儿按颜色交错的规律，有序地插出长长的栏杆。

3. 幼儿根据自己的意愿，选择喜欢的材料，搭建马路上的车和分道栏杆，教师观察、指导。

（1）重点观察幼儿是否能熟练使用交错等建构技能，搭出牢固的作品。

（2）教师平行介入，引导幼儿合理摆放箭号标志，按颜色交替的规律插出长长的栏杆。

4. 教师观察幼儿在建构过程中和同伴分工合作使用H形胶粒搭车情况。

5. 师幼共同欣赏、交流建构作品。

（1）教师鼓励幼儿大胆介绍自己搭建的车辆。

师：今天，你用什么胶粒搭了什么车？我看到这辆车很特别，你们看出它是什么车了吗？

（2）提出马路上车太多，过于拥挤，引发幼儿联系生活实际，思考怎样拓宽道路。

师：今天我们的马路上车真多！你们看，这么多的车都是朝哪些方向开的？大家都能按照箭号的方向，摆放这些来来往往的车辆，马路上的车真有秩序。不过，马路上这么多的车，一辆挨着一辆，道路还是太拥挤了。你们想想，在生活中，如果这条道路很拥挤，人们会做一些什么事情来让道路变得更宽呢？

点评：教师准备的材料再次丰富，增加了泡沫地垫、箭号标志等辅助材料，上一次游戏时的照片制作成的PPT。经过以前几次活动幼儿结构游戏的能力逐步提高。在游戏中幼儿能自主选择各种不同的胶粒，运用交错、延长、加宽、围合的技能，搭建自己喜欢的几种常见车辆和马路上的栏杆。幼儿大胆向同伴介绍自己搭建的车辆，迁移生活经验，合理、有序地摆放马路上的汽车。教师不断提出新的要求，幼儿搭建能力也随之提高。

组合活动二

1. 教师展示幼儿搭的车的照片，和幼儿共同梳理前期建构车辆的经验。

师：最近我们都在用胶粒搭些什么？（马路上的车）你用什么胶粒搭出了什么车？你们真聪明，会选择白色的宝石花胶粒、炮弹胶粒搭出白色的救护车、警车，会选择红色的H形胶粒、红色的宝石花胶粒搭消防车，还会搭有长长手臂的吊车。

2. 教师引导幼儿观看上一次建构的“十”字形路图片，教师和幼儿讨论摆放栏杆和车辆的要求。

师：前几次游戏，我们在摆放车的时候发现，“一”字形的道路太窄，车摆在上面太挤了。许多小朋友提出了改造道路的建议：我们要把“一”字形的道路改造成什么形状呢？（“十”字形）

师：（出示 PPT）这是上一次游戏中"十"字形路上的栏杆，你们想对搭栏杆的小朋友提什么建议呢？这是上一次游戏中"十"字形路上的房子，你们想对搭房子的小朋友提什么建议呢？到底哪些东西可以摆在"十"字形的道路上，哪些东西又必须要摆在道路的旁边呢？（车辆、双黄线、分道箭号可以摆在道路上，而栏杆、房子摆在路边会更合适）

3. 教师根据幼儿的意愿，引导幼儿选择"道路组"和"车辆组"的材料，搭建"十"字形路和各种各样的车辆，教师观察指导。

（1）教师平行介入道路组，引导幼儿分工合作拼搭"十"字形路，合理摆放马路上的分道线、指示箭号等交通设施和马路旁边的房子。

师：谁愿意今天加入道路组？今天我也加入道路组，和你们一起修马路。

（2）教师观察幼儿能否熟练使用交错等建构技能，选择相同材料搭建不同汽车、用不同材料搭建相同汽车，体现车的基本特征。

师：在你们的身后有小宝石花胶粒、炮弹胶粒、H 形胶粒和中宝石花胶粒，请你们选择自己喜欢的材料来搭出各种各样的车吧！

4. 师幼共同欣赏，交流建构作品。

（1）参观交流车辆及交通设施的摆放是否合理。

师：今天的"十"字形路上都有些什么呢？我们一起来看看。哦，这是谁搭的车？你们都看出是什么车了吗？马路上除了有车还有什么？（双黄线、箭号）"十"字形路的旁边有些什么？（栏杆、房子）

（2）联系生活实际，引发幼儿思考并讨论怎样增加马路的交通设施，丰富游戏情节。

师：马路上除了双黄线、箭号之外，还有哪些交通设施呢？我们一起来看看大家参观过的马路的照片。除了有栏杆、房子之外，我们还可以搭些什么摆在路边呢？我们再来一起看看照片。

点评：教师准备了更丰富的材料，如箭号标志、双黄线、搭栏杆和房子的各种胶粒、PPT（选取上次结构游戏的若干照片制作）。在活动中幼儿熟练地运用交错、延长、加宽、围合的技能，选择相同材料搭建不同汽车、用不同材料搭建相同汽车，体现车的基本特征。幼儿能迁移生活经验，合理摆放"十"字形路上的分道线、指示箭号、栏杆等交通设施和车辆。整个游戏中幼儿分工合作，体验了自主建构的乐趣。

组合活动三

1. 教师借助 PPT 和幼儿共同欣赏上一次游戏中幼儿搭建的车辆照片，分析这些车辆在造型、辅助材料使用和想象方面的特色。

师：最近我们都在用胶粒搭些什么？（马路上的车）你用什么胶粒搭出了什么车？这是你们上一次游戏搭的车，这是什么车？哦，她在卡车的背后加了一个瓶子，搭出了自己喜欢的油罐车。这是什么车？（洒水车）它哪个地方像洒水车？（背后有一个水箱）。咦，这辆卡车的车厢上有红色、黄色、绿色的胶粒，这是为什么呀？这是谁搭的呀？你来说说。哦，它在运红苹果、绿苹果、黄苹果，这真是一辆忙碌的卡车。这又是什么车？（消防车）它哪个地方像消防车？（有高高的云梯，还有红色的车身）

2. 幼儿迁移对车辆外形和颜色方面的感知，引导幼儿发现上一次建构车辆的不足之处。

师：我这里还有几辆消防车，它们的车门都贴上“火警119”，你觉得哪辆更像？为什么？这辆粉红色的车身上贴着什么？（警徽）你们觉得它像警车吗？为什么？原来，我们在搭自己喜欢的车的时候，不仅要想一想它是什么样子的，还要注意到有些车有自己特定的颜色，这样搭出来的车才能让别人一眼就认出来。

3. 教师引导幼儿观看上一次建构的“十”字形路照片，迁移幼儿对马路的已有经验，和幼儿讨论有关摆放车辆的话题。

师：（出示PPT）这是上一次游戏中我们搭的“十”字形路，你们看，路上都有些什么呢？马路上这么多车，如果有行人想过马路，该怎么办呢？（幼儿讨论）今天，老师也带来了我们在美工区做的斑马线、红绿灯（出示斑马线、红绿灯），我们在摆的时候要想想，怎样让车更有秩序，怎样让行人能安全地过马路。

4. 幼儿根据意愿选择各种材料，搭建常见车辆和特殊车辆，并摆放在“十”字形路上。教师观察幼儿和同伴分工、使用建构材料，以及想象力、创造力等方面的特点，并施以适宜的支持策略。

5. 师幼共同欣赏、交流建构作品。

（1）交流欣赏有特色的车辆。

师：今天你搭了哪些车摆在马路上？你的车在干什么？

（2）联系生活实际，引发幼儿思考并讨论怎样让马路上的车更有序，丰富游戏情节。

师：今天马路上的车有没有像上次那样挤在一起？车开在路上安全吗？行人走在路上安全吗？下次游戏我们还可以做些什么，能让我们的马路更漂亮，让我们出行更方便呢？

点评：教师准备了各种材料，有宝石花胶粒、炮弹胶粒、H形胶粒、泡沫地垫、搭栏杆和房子的胶粒若干、辅助材料（箭号标志、双黄线、红绿灯、停车场、花圃、路灯）、PPT（选取上次结构游戏的若干照片制作）等。在游戏中幼儿创造性地使用建构材料及辅助材料搭建马路上各种各样的汽车。幼儿迁移生活经验，按马路上标志的提示，将搭建好的车合理摆放在马路上。在整个活动中幼儿分工合作，体验了自主建构的乐趣。

中班结构游戏“马路上的车”第一阶段教学反思

上次幼儿游戏回顾与分析

上一周在搭建“马路上的车”的结构游戏中，幼儿能熟练运用交错、延长、加宽、围合的技能，选择宝石花胶粒、炮弹胶粒、H形胶粒等搭建各种常见车辆，体现车的基本特征。教师发现：个别幼儿能迁移主题活动中对特殊车辆外形的感知，选择小瓶子、小盒子等辅助材料，搭出了油罐车、洒水车；个别幼儿能在搭好的卡车上插不同颜色的胶粒，开展有情节的游戏。在摆放车辆时，幼儿基本能迁移自己的生活经验，按照马路上行车标志的指示方向，将搭好的汽车摆放在“十”字形道路上；有的幼儿还能在马路旁边搭出简单的栏杆和小房子。但教师同时也发现，部分幼儿在使用辅助材料表征特殊车辆时存在随意性，尤其是对特殊车辆颜色的观察、思考不够；车辆在摆放中还存在拥挤、没有按道行驶等现象；红绿灯的摆放也比较随意。怎样引导幼儿合理使用辅助材料表征车辆？怎样基于中班幼儿的年龄特点，帮助幼儿获得游戏体验？本次游戏将从以上两个方面的思考入手，对幼儿加以引导。

本次游戏指导要点

1. 单一作品在造型、辅助材料使用和想象方面的回顾与拓展。借助 PPT，和幼儿共同欣赏上一次游戏中搭建的车辆照片，引发观察、讨论与认识。

2. 上次游戏中车辆摆放方面存在问题的观察与讨论。引导幼儿观看上一次建构的“十”字形道路照片，引发幼儿迁移已有生活经验，思考“怎样摆放车辆让行人安全过街”。

3. 合理使用多种胶粒和辅助材料，表征和摆放各种车辆。观察幼儿分工、使用建构材料，以及在想象力、创造力方面的表现，并采取适宜的支持策略。

4. 欣赏有特色的车辆，思考与讨论怎样让交通更有序、车辆行驶更安全。联系生活实际，引导幼儿进一步丰富游戏情节。

研讨观察视点

观察中班幼儿结构游戏的特点，包括：幼儿对单一作品的表征、材料使用，合作建构，想象力和创造力的特点。

学习小结

学

1. 阅读教材，完成本单元任务。

2. 扫码观看本单元微课。

微课

结构游戏的概念、特点、教育功能和发展阶段

微课

教师在结构游戏中的地位与作用

微课

结构游戏环境创设及材料投放

微课

结构游戏的组织与指导

做

1. 画一张活动室内结构游戏区域的设计图。
2. 做本单元过关题。
3. 用幼儿游戏观察记录表（见表 4－3）到幼儿园观察记录一次结构游戏的活动。

表 4－3　幼儿游戏观察记录表

班级		时间	
执教教师		配班教师	
活动区		游戏名称	
经验预期情况			
游戏准备情况			

续表

教师 指导情况	

<table>
<tr><td>游戏的反思推进（第　次）</td></tr>
<tr><td>游戏实录：（可以文字、照片、视频等形式呈现）</td></tr>
<tr><td>情况分析：</td></tr>
</table>

续表

反思推进：

（福州教研院陈少熙提供）

一线教师笔记

结构游戏观察记录

思

1. 交流本单元学习心得。
2. 思考结构游戏的材料还有哪些？

推荐阅读

［1］邬亚洁．开启智慧潜能：王港幼儿园结构游戏研究成果选编．上海：上海社会科学院出版社，2014.

推荐理由：此书分为课题引领、研究报告、专题研究、经验总结、案例分析、活动设计 6 部分，主要包括开展结构游戏活动、发掘幼儿智慧潜能的研究、开展结构游戏活动、发掘幼儿智慧潜能的实践与研究、结构游戏中开启幼儿语言潜能等。阅读此书可以了解一线幼儿园教师的科研轨迹。

［2］“国家中小学智慧教育平台”网站中“教师研修”下的“幼教研修”版块．

推荐理由：“国家中小学智慧教育平台”中的各类资源全部免费使用，在这里可以免费获取较为丰富的幼儿教育资源。

育德明心

中国传统游戏七巧板

过关题

单项选择题

1. 结构游戏的（　　）主要是发挥幼儿的独立性、自由想象与创造性 。

A. 主题构造　　B. 模拟构造　　C. 命题构造　　D. 自由构造

2. 幼儿利用七巧板自由想象拼出了各种动物。这是（　　）。

A. 结构游戏　　B. 智力游戏　　C. 美术游戏　　D. 数学游戏

3. 现在孩子们玩的积木来源于（　　）。

A. 数学练习中的常用工具　　B. 福禄贝尔的“恩物”

C. 木工的常见材料　　D. 蒙氏教具中的积木

4. 堆雪人游戏属于（　　）。

A. 结构游戏　　B. 智力游戏　　C. 美术游戏　　D. 角色游戏

5. 幼儿在美工区编织小竹篮属于（　　）。

A. 结构游戏　　B. 智力游戏　　C. 美术游戏　　D. 角色游戏

6. 结构游戏也叫（　　）。

A. 积木游戏　　B. 智力游戏　　C. 建构游戏　　D. 角色游戏

7. 老师给幼儿玩用本班集体照制作成的拼图，这是（　　）。

A. 结构游戏　　B. 智力游戏　　C. 美术游戏　　D. 角色游戏

8. 幼儿用各种瓶子装水玩水，这是（　　）。

A. 体育游戏　　B. 智力游戏　　C. 建构游戏　　D. 角色游戏

9. 幼儿玩串珠子，这是（　　）。

A. 数学游戏　　B. 智力游戏　　C. 建构游戏　　D. 角色游戏

10. 结构游戏结束时间到了，老师的下列做法中哪一个是正确的？（　　）

A. 命令所有幼儿同时结束手中游戏

B. 提前一段时间，预告游戏将要结束

C. 让值日生收集幼儿手中的玩具，终止游戏

D. 如果幼儿强烈要求，可以允许幼儿延长游戏的时间

本单元思维导图

- 结构游戏
  - 什么是结构游戏
    - 概念
      - 创造性游戏
      - 幼儿使用结构材料
      - 典型的结构游戏是积木游戏
    - 特征
      - 使用素材
        - 专门的结构材料
        - 废旧物品
        - 自然材料
      - 构造活动
        - 操作能力
        - 造型能力
        - 空间知觉和象征能力
    - 作用
      - 促进感知觉和动作发展
      - 促进认知发展
      - 促进非智力因素发展
  - 结构游戏的组织与指导
    - 开展阶段
      - 选择材料
      - 设想主题
      - 进行建构
      - 设想建构物的功能
    - 准备
      - 布置物质环境
      - 充足的时间
      - 提供结构材料
      - 拥有对物体和建筑物的印象
      - 掌握基础知识和技能
    - 指导
      - 创设情境导入游戏,引出主题,形成建构方案
      - 观察,自然介入
      - 引导交流点评
      - 整理场地
    - 各年龄班结构游戏的指导
      - 小班
      - 中班
      - 大班
    - 玩沙游戏
    - 玩水游戏

第五单元

智力游戏

知识目标

1. 了解智力游戏的概念和特点
2. 掌握智力游戏的指导要点
3. 掌握智力游戏的设计思路

能力目标

1. 能运用所学知识指导幼儿的智力游戏
2. 能根据幼儿的特点设计智力游戏

素养目标

1. 注重幼儿全方位的发展
2. 愿意给每一位幼儿机会
3. 重视每一位幼儿的发展

任务索引

任务描述

菁菁是一名师专学生，在学习“幼儿游戏”这门课时，提出这样一个问题：智力游戏是不是就是益智游戏？所有幼儿玩的游戏都对智力有帮助，为什么要单独有一个“智力游戏”的概念呢？智力游戏有哪些？教师该如何指导智力游戏？在幼儿园开展智力游戏时，能做到幼儿自主自愿参加游戏吗？带着这些问题，我们开始本单元的学习。

第一节 智力游戏的理论概述

我国幼儿园采用的游戏分类法借鉴了苏联学前教育理论，按游戏规则的内隐或外显进行分类，把游戏分为创造性游戏和规则性游戏。创造性游戏的规则不明显，重视培养幼儿的创造性，主要包括角色游戏、表演游戏、结构游戏。规则性游戏的规则明显，是培养幼儿的规则意识和行为习惯的专门游戏，对幼儿规则意识的建立、社会性发展水平和思维水平的提高有重要价值。规则是游戏进行的保障，不可违背。智力游戏是规则性游戏的一种。

无论什么游戏，主体都是人，进行游戏都需要大脑思维，因而也就或多或少地带上了益智性。正如任务描述中所说，所有幼儿玩的游戏都对智力有帮助，为什么要单独有一个“智力游戏”的概念呢？在我国幼儿园采用的分类方法中，游戏名称即是游戏内容，对幼儿园教育教学管理、教师的具体操作有利。教师可以根据需要，灵活选用各种游戏，因而被广泛使用。虽然所有游戏或多或少都对幼儿智力发展有帮助，但智力游戏是根据一定的智训任务设计的一种有规则的游戏，这就与其他游戏区分开来。具体形象思维阶段的幼儿订立游戏规则有一定困难，因此，需要成人参与创编智力游戏的规则。游戏以规则为中心，以生动有趣的形式吸引幼儿，使他们在积极愉快的活动中发展智力。当智力游戏用到教学中，就成了教学游戏。智力游戏比传统的教学游戏更为丰富，它既可以是集体活动中的教学游戏，也可以是课外进行的自发游戏。智力游戏是组织性与自发性并重的一种游戏。

一、智力游戏的概念

智力游戏是根据一定的智训任务设计、以智力活动为基础的一种规则性游戏。智力游戏既要求游戏者付出一定的努力，又要求以游戏的方式将学习因素与游戏形式紧密结合。智力游戏把知识性课题或智力训练的任务同游戏动机及游戏活动结合起来，使幼儿在轻松愉快的活动中获得知识或智力的发展。新颖、形象、生动、有趣的智力游戏，能提高幼儿的观察、注意、记忆、思维、语言等能力。同时智力游戏要求幼儿控制自己的行为，善于与别人合作，诚实地遵守游戏规则，坚持完成游戏任务，形成良好的意志品质。图 5－1 为幼儿在玩智力游戏。

图 5-1　幼儿在玩智力游戏

二、智力游戏的分类

按照学习领域的不同，可以将智力游戏划分为语言类（如猜谜语）、操作类（如七巧板）、社会类（如逻辑、数学、侦探）智力游戏。

根据所使用的材料不同，可以分为：利用专门的玩教具、自然材料、日用品进行的智力游戏（如解孔明锁）；利用图片进行的智力游戏（如棋类、纸牌）；利用语言进行的智力游戏（如猜谜）。

智力是人们认识客观事物、运用知识解决实际问题的能力。智力由感知觉、观察力、注意力、记忆力、想象力、思维力组成。因此，按照促进智力的角度来分类，智力游戏可以分为促进感知觉的游戏、促进观察力的游戏、促进注意力的游戏、促进记忆力的游戏、促进想象力的游戏，以及促进思维力的游戏。

（一）促进感知觉的游戏

人类对外界事物的认识来源于感觉和知觉。人们常说聪明的人耳聪目明。要培养聪明的幼儿，就要重视幼儿的感知觉训练，开展有趣的活动，提高感知觉器官的灵敏性。如果感知觉不灵，则大脑缺乏足够的刺激，人的记忆力、思维力和想象力等都难以发展起来。

我们可以设计在游戏中让幼儿倾听，区分听到的声音是什么，或者辨别声音来源方向；在游戏当中观察、寻找隐藏在复杂背景当中的物体，或图与图中物体的不同；在游戏中触摸某种物品的形状、大小、光滑度、坚硬度、材质等，猜出是什么物体；在游戏当中嗅闻、品尝味道，猜出或找出原材料；在游戏中拉拽按压和开发身体感觉；在游戏中旋转和保持平衡，促进前庭平衡。让幼儿多看、多听、多摸、多闻，以促进其各种感知觉功能的发展。

参考阅读

中班智力游戏“比较轻重”

预期目标

运用多种方法比较物体的轻重，并能正逆排序。

材料投放

空矿泉水瓶（或者透明的、能看见里面物体的瓶子）6个，沙子、绿豆、布、小米、花生、玉米粒，易拉罐（或者看不见里面物体的罐子、袋子都可以，内装相同的物品，如沙子或小石子等）6个，托盘。

参考玩法

玩法一：6个矿泉水瓶里装了体积相等但重量不一的物品，幼儿轮流将矿泉水瓶分别放在两只手中掂一掂，感知哪个重、哪个轻，然后将瓶子按照从重到轻或从轻到重的顺序摆放在托盘上，并说说自己是按照什么顺序摆放的。

玩法二：6个易拉罐里装有数量不等的沙子，幼儿轮流将易拉罐分别放在两只手中掂一掂，感知哪个重、哪个轻，然后将易拉罐按照从重到轻或从轻到重的顺序摆放在托盘上，并说一说自己是按照什么顺序摆放的。

指导建议

1. 教师可以引导幼儿学习比较轻重的方法：先找出6个瓶子（罐子）中最轻和最重的，摆放在托盘的两端，然后在剩下的瓶子（罐子）中找出最重和最轻的依次排列；或者先找出最重的摆放在托盘的一端，然后再在剩下的瓶子（罐子）中找出最重的紧接着排列，依次进行。

2. 矿泉水瓶和易拉罐的数量可以根据幼儿的情况增加或者减少。

资料来源：“福建省幼儿园教师教育用书”编写委员会．领域活动指导：中班下册．福州：福建人民出版社，2017.

（二）促进观察力的游戏

观察力和其他思维技能一样，后天的学习和训练可以大大提高观察水平。智力游戏是培养幼儿观察力的方式之一，也是最有效的方法。观察与“看”不同，是一种有目的的行为。促进观察力的游戏，训练幼儿观察时要有明确的目的、正确的方法（如按一定的顺序进行观察，有比较地观察）和各种感官参与。

观察力有局部观察力、整体观察力、细节观察力、类比观察力、推理观察力几类。将对幼儿观察的这些要求放到情境中，让幼儿找相同、不同，或者以线索寻找物体，就可设计出游戏。另外，促进观察力的游戏不一定都是凭借纸质材料找不同，在教室内或教室外，教师藏“宝贝”，让幼儿找出来，也是一种游戏形式。

参考阅读

中班智力游戏“观察自然角”

预期目标

1. 能够持续进行观察，发现事物变化的过程及结果。

2. 了解秋天具有代表性的事物，感受秋天的季节特征。

材料投放

秋天的花卉、果实等，宜于幼儿饲养的常见小动物。

参考玩法

玩法一：种植。

观赏类：让家长和幼儿一起照顾植物，及时发现变化。

种子类：制定值日生制度，值日生持续进行简单的记录，发现植物的生长变化规律。

玩法二：养殖。

在自然角中饲养金鱼、乌龟、鸟等，随时接触、观察。周末个别幼儿将小动物带回家照料。

玩法三：小实验。

观察苹果在有阳光照射和无阳光照射情况下的腐烂过程。幼儿口头描述，教师记录，必要时用照片辅助记录。观察后展开讨论：哪种苹果腐烂得快?

资料来源：“福建省幼儿园教师教育用书”编写委员会．领域活动指导：中班上册．福州：福建人民出版社，2017.

（三）促进注意力的游戏

注意力是构成智力的一个重要因素，是一切心理过程都必须具有的一种品质。各种智力游戏都有发展注意力的作用。促进注意力的游戏主要培养幼儿注意的稳定性，即专注的时间和专注的程度；培养注意的范围和注意分配的能力。教师可以将这些注意力培养目标，结合情景加入竞赛因素，以迷宫、涂色、连连看等有趣的游戏形式，设计成促进注意力的游戏。

参考阅读

中班智力游戏“眼疾手快”

预期目标

感知 5 以内的数字组成和分解，体验总数和两数之间的关系。

材料投放

按铃、4 以内数量的水果纸牌（水果品种可不同），1～5 数字卡。

参考玩法

玩法一：三人进行游戏，一人当裁判，两人面对面坐好，商量好要玩的数字是几。裁判先出牌，另外两人要快速从自己的牌中找出合适的牌，使裁判和自己牌面上水果数量之和等于先前商量好的数字（如要玩的是数字 5，裁判先出一张水果数量为 1 的牌，另外两人要快速从自己的牌中取出水果数量为 4 的牌）。谁先出牌且正确，谁就赢。赢者接收三张牌。如果两人都错了，那么裁判接收牌。

玩法二：两人为一组，商量好要玩的数字是几，就将相应的数字卡放在旁边。两人同时出牌，当牌面上同一种水果的数量之和等于所商量的数字时，就快速按铃（如商量的数字是 4，当对方牌面上的梨子和自己牌面上的梨子数量加起来总数是 4 时，就快速按铃）。谁先按到铃，谁就赢，可以接收牌。牌多者赢。

指导建议

1. 纸牌上的图案可以根据实际情况进行调整，不一定是水果，可以根据班级近期主题活动的开展情况选择图案，汽车、蔬菜、动物等都可以。

2. 玩法二的水果纸牌中，重复的水果要多，这样才能增加幼儿按铃的概率。

资料来源：“福建省幼儿园教师教育用书”编写委员会．领域活动指导：中班下册．福州：福建人民出版社，2017.

（四）促进记忆力的游戏

记忆力是智力结构的基础。没有记忆，人类的一切活动都不可能实现，更谈不上智力的发展了。幼儿期记忆力与智力有较高的正相关。学龄前儿童的记忆是形象记忆，可以通过观察图像、实物等让幼儿讲出所见的事物，也可通过讲故事后让他们复述等来培养及强化其记忆力。记忆的敏捷性、准确性和持久性是记忆力的重要指标。促进记忆力的游戏也以此展开设计。

例如，在规定时间内，让幼儿记忆或再现某一物体，并加入竞赛的因素或角色场景，就成为一种记忆游戏。记忆游戏中幼儿应明确记忆的目的，并学习记忆的方法。教师训练幼儿集中注意力进行记忆，采用谐音、赋形、联想、逻辑等有效的记忆方法帮助幼儿记忆。

参考阅读

小班智力游戏“白天和黑夜”

预期目标

区分白天和黑夜，了解昼夜交替的规律。

材料投放

白天和黑夜背景图各一幅，人或小动物在做不同事情的小图片若干。

参考玩法

玩法一："说一说"。

观察小图片上的人或小动物的活动，把小图片贴在相应的白天或黑夜的背景图上。用"××（人物或动物的名称）白天（晚上）在××（所做的事情）"的句式说一说。

玩法二："接龙游戏"。

两人玩接龙游戏，分别说白天或黑夜的活动。如"白天我去公园玩""晚上我在家里吃饭"等。比比谁说得又对又多，要求和别人说的不一样。

资料来源："福建省幼儿园教师教育用书"编写委员会．领域活动指导：小班下册．福州：福建人民出版社，2017.

（五）促进想象力的游戏

想象力是评价一个人智力高低的重要标准。创造力与想象力分不开，想象是创造的基础，甚至就是创造本身。想象力包括随意想象、图形想象、故事想象、云想象、假设想象、联觉想象等。随意想象是看到什么就联想什么。图形想象是以最简单的图形为基础，进行添画，变成妙趣横生的画面。故事想象是随机将几样东西编成一个故事。云想象是利用天空的云进行联想。假设想象是通过假设，想象可能的结果。联觉想象是将不同的感觉联系起来，如红色代表兴奋等。

参考阅读

中班智力游戏"彩云飘飘"

预期目标

1. 尝试根据云朵的造型大胆进行想象、添画和创意制作。
2. 体验借助形象进行想象创作的乐趣。

材料投放

棉花、纸团、色卡纸、羽毛、盘子、泡沫剃须膏（或喷罐奶油）、纸盘、彩笔、双面胶等。

参考玩法

玩法一："云朵宝宝"。

选择棉花或纸团，运用拉、扯、揉、撕等方法制作"云朵宝宝"的身体，选择适宜的辅助材料粘贴"云朵宝宝"的肢体及五官。

玩法二："云的畅想"。

欣赏云朵图片，根据图片上云朵的造型进行想象，沿云朵轮廓描绘并根据想象进行添画。

玩法三："泡泡云朵"。

用泡沫剃须膏（或喷罐奶油）自由在盘子（纸盘）上喷绘，根据喷绘出的造型进行想象。选择适宜的辅助材料完成造型。

指导建议

1. 引导幼儿注意在拉扯棉花或纸团时不能太过用力，拉扯出不同的造型后进行粘贴。

2. 引导幼儿根据辅助材料的适宜性，选择适合制作“云朵宝宝”五官的材料。

资料来源：“福建省幼儿园教师教育用书”编写委员会．领域活动指导：中班上册．福州：福建人民出版社，2017.

（六）促进思维力的游戏

1. 促进判断力的游戏

判断是对事物对错、是否的认定。良好的推理基于正确的判断，不能做出正确的判断，就无法得出正确的结论。因此判断力游戏包括：让幼儿对概念的名称、内涵、外延进行问答的概念理解类的游戏；利用自然现象和生活现象进行判断推理的游戏；利用图形、数字和文字设计的推理游戏；类比推理和演绎推理游戏；运算推理游戏等。

2. 促进发散思维、聚合思维的游戏

发散思维是指大脑在思维时呈现发散状态的思维模式。它表现为思路广阔，呈现出多维发散状，如“一题多解”“一事多写”“一物多用”等方式。聚合思维是指从已知信息中产生逻辑结论的思维方式，它是把广阔的思路聚集成一个焦点的方法，可以从众多可能性的结果中迅速做出判断，得出结论。

思维能力在一个人一生的每个阶段都起着相当重要的作用。幼儿的思维水平比不上成人，训练思维能力可以直接促进其智力发展。发散性思维可以使用一物多形、一形多物、一因多果、一物多变、一题多解等游戏进行训练，激发幼儿的奇思妙想。比如用“如果……那么……”说一句话；让幼儿去思考如何改良某个东西；列出某物的多种用途；等等。聚合思维则是让幼儿找规律玩游戏。如让幼儿按“圆的东西”“黑的东西”“能吃的东西”“木头做的东西”等标准对身边的物品进行分类等。图 5－2 为促进思维力的游戏材料。

图 5－2　促进思维力的游戏材料

参考阅读

大班智力游戏“鞋子分一分”

预期目标

1. 按照鞋子的特征进行分类整理，并表述分类的理由，理解类与子类的关系。

2. 学习根据鞋子的特征设计标志，并统计分类结果。

材料投放

三层鞋架、不同种类的鞋子（男鞋、女鞋，运动鞋、皮鞋等）、空白的纸、记录表、笔。

环境创设

将鞋架投放在娃娃家的卧室中。

参考玩法

玩法一：“鞋子分一分”。

（1）数一数鞋架最上层的鞋子有几双。

（2）观察并按照鞋子的某一特征把部分鞋子整理到第二层鞋架上。

（3）继续观察第二层鞋架上的鞋子，并根据某一特征把部分鞋子整理到第三层鞋架上。向同伴讲述每层的分类理由。

玩法二：“鞋子有多少”。

（1）数一数鞋架最上层的鞋子有几双，并在记录表上记录。

（2）观察并按照鞋子的某一特征把部分鞋子整理到第二层鞋架上。

（3）在记录表上画上分类标志，数一数分到第二层鞋架上的鞋子有几双，并记录。

（4）继续观察第二层鞋架上鞋子的某一特征，并根据特征整理到第三层鞋架上。

（5）在记录表上画上分类标志，数一数分到第三层鞋架上的鞋子有几双，并记录。

（6）看着记录表向同伴讲述每一次的分类理由。例如，鞋架上有 10 双鞋子，先按颜色分，红色的 6 双，黑色的 4 双；又按运动鞋和皮鞋分，红色的运动鞋 3 双，红色的皮鞋 3 双，黑色的运动鞋 3 双，黑色的皮鞋 1 双。

指导建议

1. 建议在集中教育活动“层级分类”之前进行“鞋子分一分”游戏，让幼儿在玩“鞋子分一分”的具体操作中积累对类与子类的关系的认识。

2. 引导幼儿观察发现每整理一次，下一层鞋架中鞋子的数量都比上一层鞋架的鞋子少，并组织幼儿讨论如何根据鞋子的不同特征进行多种方法的整理。

3. 在开展“鞋子有多少”游戏时，建议在导入环节用统计表导入，引导幼儿迁移“鞋子分一分”游戏的经验，激发幼儿继续学习其他的统计方法，感受统计给生活带来的便利。

4. 启发幼儿迁移层级分类和统计的经验，整理、统计娃娃家的鞋柜，进一步学习层级分类和统计，让幼儿充分感受数学在生活中的用处，以及数学给人们生活带来的便利。

资料来源："福建省幼儿园教师教育用书"编写委员会．领域活动指导：中班上册．福州：福建人民出版社，2017.

三、智力游戏的构成要素

由于智力游戏是一种规则性游戏，需要完成一定智力活动任务，故在游戏之前一定要讲明规则和玩法，游戏之后要对完成任务情况进行评价。

智力游戏有游戏的目的、构思、规则和结果四个组成要素。

（1）智力游戏的目的是根据一定的智训任务提出的。

（2）智力游戏的构思是根据游戏目的和特点设计的，是对幼儿在游戏中的动作和活动的要求。构思由多种多样的与智力活动有关的动作组成，如看、听、摆放、找、想、猜等。

（3）智力游戏的规则是对构思的要求和约束，它从属于游戏的任务，在游戏中起指导、组织、调整幼儿行为的作用，以保证游戏目的的实现。广义来说，一切真正的游戏都存在规则，但规则性游戏相对于其他游戏而言，规则更明显。恰当的游戏规则可以提高游戏的趣味性和刺激性，促使幼儿在游戏中积极努力。

（4）智力游戏的结果是游戏目的实现的程度。良好的游戏结果，可使幼儿获得满足和愉快，并能激发幼儿继续游戏。

在进行智力游戏前，教师要将游戏的目的、构思、规则、结果向幼儿解释清楚。

第二节　智力游戏的组织与指导

一、智力游戏的选编及准备

（一）智力游戏选编

1. 智力游戏的内容必须与幼儿已有的认知结构接近

如果游戏内容与幼儿认知结构不接近，则无法组织游戏，只能是一种纯粹的智力教育活动。教师应根据幼儿的发展水平，为不同年龄班选择难度适宜的游戏内容。一般情况下，小班以认知游戏、简单的记忆游戏、归类游戏、实物拼图游戏、手指游戏为主；中班可以开展除棋类游戏以外的大部分智力游戏；大班能够开展全部种类的智力游戏，且难度应逐步提高。

2. 选编游戏要循序渐进

教师应了解本班幼儿的年龄特点及智力发展水平，为幼儿选择在其现有智力水平上经努力能够完成的智力游戏。游戏玩法的设计应层次鲜明，难度渐次提高，逐步指向完成游戏目标。以玩纸牌为例，从简单到复杂的玩法有：按照颜色、数字、形状等要求进行纸牌分类→按要求将颜色、数字、形状进行排序→利用纸牌进行数学计算→多人纸牌游戏。

3. 游戏的教育性和趣味性有机统一

智力游戏的应用范围较广，除可以供开展专门的集体游戏外，还可以作为晨间活动、区域活动、自由活动的重要内容。视听游戏、记忆游戏、猜谜、听音乐做动作、手指游戏等较适合开展集体游戏。拼图游戏、棋类游戏、扑克游戏、走迷宫、翻绳游戏等往往更适合作为晨间活动、区域活动、自由活动的内容。智力游戏规则简单明了，易于幼儿理解与执行。在智力游戏中，幼儿学会操作玩具（如拼图），就意味着达到游戏目标。

4. 组织性游戏与自发性游戏并重

智力游戏大多在教师的直接指导下进行，主要用于完成智育任务，但是智力游戏也可以在自由活动时开展。教师要注意组织性游戏与自发性游戏之间的衔接，不能偏重一种，要并重，互为补充。

（二）智力游戏的准备

（1）丰富幼儿的知识经验。这包括与游戏情景相匹配的生活常识，也包括与智力游戏规则相关的知识经验。

（2）熟悉智力玩具或学习材料。教师应为开展智力游戏提供丰富的材料。专门组织的智力游戏中，游戏材料最好每人一份。

（3）明确游戏目的，做好环境准备。

二、智力游戏过程的指导

（一）教师的讲解示范与幼儿的尝试同步进行

在许多智力游戏中，幼儿学会了操作玩具，意味着达到游戏目标。玩具的操作过程实质上就是知识学习、智力训练的过程。教师的讲解与示范要尽量与幼儿的尝试过程同步进行。教师可以采用描述性语言，讲解游戏的玩法和规则并进行示范，让幼儿尝试，根据幼儿尝试中的错误再有针对性地进行讲解和示范。例如，在进行拼图游戏时，教师先展示如何找到拼图的边缘部分，然后鼓励幼儿自己动手找一找，感受拼图的初步方法。对于一些比较难的游戏，教师可以将难点前移，提前示范讲解难点，将规则分解，迁移经验。

教师对智力游戏的指导一般采用个别指导或分小组指导的方法。在游戏过程中，宜采用如下模式：教师观察→教师发现问题→教师提出问题→幼儿检查→幼儿发现问题→幼儿自主纠错，帮助幼儿逐步学会自我检查、自我评价的方法。

（二）兼顾年龄差异与个体差异

教师应根据幼儿能力的不同，引导幼儿玩不同难度的游戏。对于有余力的幼儿，可以增加难度。不同年龄阶段幼儿玩智力游戏的特点不同（见表 5－1），教师应根据幼儿的特点，有针对性地进行指导。教师要兼顾幼儿年龄差异与个体差异，采取异步指导策略。异步指导的核心是根据幼儿年龄差异和智力水平提出共同的要求，然后在同一年龄幼儿中根据其实际水平，再分别提出不同的要求；或者把同一游戏划分为若干级别水平，分别对应于不同水平的幼儿，再采取分组或个别指导的方式来适应幼儿的个别差异，使每个幼儿在同一游戏中获得发展。

表 5－1　各年龄班幼儿智力游戏特点

	小班	中班	大班
游戏形式	以动作为主要表现手段，利用玩具材料进行智力游戏。	游戏有一定的竞赛性。	难度较高的竞赛性游戏。使用有挑战性的游戏材料。幼儿可以参与收集和制作游戏材料。

续表

	小班	中班	大班
游戏规则的认识	不理解游戏规则，不在乎输赢。	在了解游戏的玩法和规则后，可以自己独立玩游戏，能体验胜利的乐趣。	严格遵守游戏规则。
教师对游戏规则的指导	教师通过简单的语言和动作示范帮助幼儿了解规则。规则简单易懂。	需要教师对智力游戏的玩法和规则进行讲解和示范。	一般只需要用语言讲解游戏规则，幼儿独立进行游戏，力争最好的游戏结果。

幼儿园情景再现

动物叠叠高

游戏开始了，烁烁选择了动物叠叠高，刚开始他先把积木全部倒在了小盘子里，说："哇，好多小动物啊，还有大象和长颈鹿！"烁烁双手不停地摆弄着小动物积木，过一会儿，他看见了盘子里的题卡，开始观察起来，"老师你看！我要搭一个这个"，教师说："那你试试看能不能让小动物站起来呢"。烁烁把小动物一个叠着一个，但是不一会儿就倒下来了"。教师又说："为什么会倒了呢？你想想办法。"烁烁开始不断尝试，但每次到最高一块的时候都倒了下来。"老师这为什么一直在倒呀？太难了！"教师及时介入："你试一下换个方向呢，慢慢地。"烁烁尝试了几次后，终于搭了出来，他很高兴地冲过来分享给教师。

三、智力游戏的观察和评价

教师在游戏的组织过程中，要尊重幼儿的游戏主体地位。在幼儿游戏时不要贸然介入，打断幼儿思考，要给幼儿试错的机会。

（一）观察和评价应自然

教师可做"旁观者""平行游戏者"，或以"游戏伙伴"的身份开展观察活动。

幼儿园实景

数学活动中的游戏

（二）观察和评价内容多元

教师在幼儿游戏时注意观察，在游戏结束时的评价才能有的放矢。观察时要进行记录，记录内容包括幼儿的姓名、性别、年龄、所在班级、观察时间、地点，游戏名称、参加游戏的人数，游戏过程中幼儿的兴趣、游戏持续时间、材料的适宜程度、游戏的难度，幼儿面对困难的表现、解决问题的次数和质量，游戏结果等。教师通过观察了解幼儿的情况，决定是否需要丰富材料、适当介入、引导学习等。

游戏后观察和评价的目的在于对游戏进行“检查”“诊断”，以胜出一方作为榜样，促进幼儿观察学习，进而促进智育。教师在准确把握幼儿现有游戏水平与游戏适宜程度的基础上，检查是否需要调整游戏难度和材料投放，以有效促进幼儿发展。对幼儿在游戏中表现出的合作、创新、坚韧进行表扬，激发幼儿相互学习，促进幼儿智力发展。

真题链接

选择题

在玩棋类游戏时，下列幼儿的哪种行为表现最能反映玩具的可玩性？（　　）

A. 运用丰富的认知策略　　B. 玩棋兴趣持续较长时间

C. 有丰富的肢体表现　　D. 玩棋之后不易引发挫折感

（2023 年下半年国家教师资格考试《保教知识与能力》真题）

答案

B

（三）整理场地

智力玩具大多比较精巧、细小、成套系。游戏后要求幼儿把玩具摆放整齐并还原归类，这是教师从幼儿入园就开始培养的游戏常规。不要将整理玩具当成惩罚手段，相反，整理要变得有趣并吸引幼儿。如将整理设计成为“小狗找肉骨头”“饲养员喂食”等有趣的情景，激发幼儿兴趣，养成秩序感。

学习小结

学

1. 阅读教材，完成本单元任务。
2. 扫码观看本单元微课。

微课

智力游戏中听觉游戏的设计与指导

做

1. 做本单元过关题。

2. 利用幼儿游戏观察记录表（见表 4－3），到幼儿园自选一个年龄班进行一次幼儿智力游戏的观察记录。

一线教师笔记

智力游戏观察记录

思

1. 谈谈本单元学习心得。

2. 思考智力游戏是否是教学游戏？

推荐阅读

[1] 柳倩，周念丽，张晔．学前儿童健康领域学习与发展核心经验．南京：南京师范大学出版社，2016.

[2] 周克克．学前儿童语言学习与发展核心经验．南京：南京师范大学出版社，2014.

[3] 黄瑾，田方．学前儿童数学领域学习与发展核心经验．南京：南京师范大学出版社，2015.

[4] 张明红．学前儿童社会学习与发展核心经验．南京：南京师范大学出版社，2018.

推荐理由： 通过阅读这些书籍，可以理解幼儿在健康、语言、数学、社会领域的学习发展特点和核心经验。

育德明心

三种传统的中国智力游戏

过关题

单项选择题

1. 下列游戏属于智力游戏的是（　　）。

A. 抢椅子　　B. 过家家

C. 木头人　　D. 哪里错了

2. 下列关于智力游戏的论述，不正确的是（　　）。

A. 它属于规则游戏

B. 它就是教学游戏

C. 它有明显的发展幼儿智力的作用

D. 所有游戏都有益智的作用，但智力游戏是根据一定的智训任务设计的

3. 幼儿在游戏区利用七巧板按要求完成拼搭任务。这是（　　）。

A. 结构游戏　　B. 智力活动　　C. 美术游戏　　D. 角色游戏

4. 幼儿猜谜语。这是（　　）。

A. 结构游戏　　B. 智力游戏　　C. 美术游戏　　D. 角色游戏

5. 幼儿认真地看书。这是（　　）。

A. 阅读行为　　B. 智力游戏　　C. 美术游戏　　D. 角色游戏

6. 幼儿走迷宫。这是（　　）。

A. 结构游戏　　B. 智力游戏　　C. 体育游戏　　D. 角色游戏

7. 智力游戏包括四个基本要素：目的、构思、规则、结果。其中（　　）是核心，是游戏顺利进行的前提，也是评价规则游戏是否有效的依据。

A. 目的　　B. 构思　　C. 规则　　D. 结果

8. 听音辨位游戏是（　　）。

A. 体育游戏　　B. 智力游戏　　C. 表演游戏　　D. 角色游戏

9. 寻找宝物游戏是（　　）。

A. 体育游戏　　B. 智力游戏　　C. 建构游戏　　D. 角色游戏

10. 下列哪个游戏不是智力游戏？（　　）

A. 娃娃家　　B. 走迷宫　　C. 下跳棋　　D. 玩纸牌

本单元思维导图

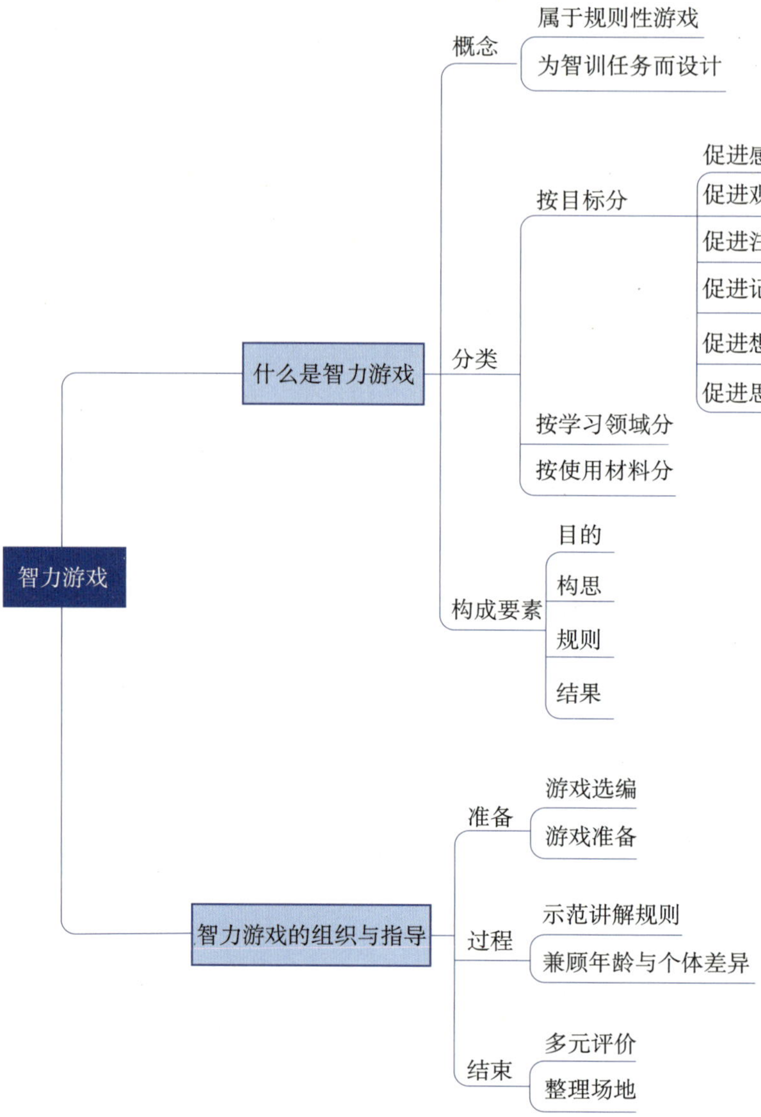
智力游戏
什么是智力游戏
概念
属于规则性游戏
为智训任务而设计
分类
按目标分
促进感知觉
促进观察力
促进注意力
促进记忆力
促进想象力
促进思维力
按学习领域分
按使用材料分
构成要素
目的
构思
规则
结果
智力游戏的组织与指导
准备
游戏选编
游戏准备
过程
示范讲解规则
兼顾年龄与个体差异
结束
多元评价
整理场地

第六单元

音乐游戏

知识目标

1. 了解音乐游戏的类型
2. 掌握音乐游戏的设计要点

能力目标

能设计和指导各年龄班的音乐游戏

素养目标

1. 初步具备从幼儿的特点出发，结合音乐元素发现美、欣赏美、创造美的能力
2. 为人师表，愿意亲力亲为，具有亲和力

任务索引

任务描述

学生王乐学习“幼儿游戏”课程时，提出这样的疑问：音乐游戏是教学游戏吗？音乐游戏对幼儿作用大吗？要如何组织这些游戏？带着这些问题，我们开始本单元的学习。

第一节 音乐游戏的理论概述

一、音乐游戏的概念

音乐游戏是在歌曲（或乐曲）的伴奏下，幼儿根据音乐的旋律、节奏、结构等在愉悦的氛围中进行的游戏，通常有规则要求和简单有趣的律动。音乐游戏能潜移默化地培养幼儿的音乐能力，促进幼儿身心健康发展。

音乐游戏采用的音乐曲式以一段体居多，也有一定数量的回旋曲式。节拍多用 2/4 和 4/4 拍，有少量音乐游戏采用 3/4 拍。旋律简单易唱，歌词朗朗上口，拟声词的应用较为普遍。幼儿园音乐游戏形式多样，比如音乐节奏游戏；歌词改编后幼儿用歌声来“谈”任何话题；玩玩乐器（幼儿将乐器作为游戏内容，发现自己的动作与乐器音响之间的关联）等。在游戏中，幼儿体验音乐的节奏、歌词、旋律，这种体验从简单的节奏或乐句做起，把一个动作扩充为一个音乐作品，接着进行音乐的即兴创作。音乐在游戏中既可以是游戏的内容，又可以充当游戏的执行指令、游戏的进行方式。

二、音乐游戏的种类

音乐游戏从游戏的内容和主题上划分，一般可分为主题性音乐游戏和非主题性音乐游戏。主题性音乐游戏一般有一定的主题和相应的情节；非主题性音乐游戏没有情节构思，幼儿只是跟随音乐做简单的律动。根据幼儿音乐教育实践，音乐游戏还可分为唱歌游戏、节奏游戏和舞蹈游戏。

（一）唱歌游戏

唱歌游戏是幼儿辨别乐器的声音，以游戏的方式享受唱歌的乐趣的游戏。唱歌应该是人天生的一种能力，襁褓中的婴儿听到音乐就能发出“咿咿呀呀”的声音。幼儿自发地唱歌随处可见，因此唱歌游戏深受幼儿喜爱。

（二）节奏游戏

节奏游戏是幼儿通过弹奏乐器、拍打身体或生活用品进行节奏练习的游戏。幼儿欣赏不同节奏的音乐作品，对理解不同节奏型很有帮助。教师应提供幼儿感受、表达、创作音乐节奏的机会。例如，教师播放《拉德斯基进行曲》，引导幼儿用不同乐器打出不同节奏型，培养幼儿的节奏感和对乐器的认知。

（三）舞蹈游戏

舞蹈游戏是以肢体动作为主要形式和内容的游戏。它分为律动游戏、歌舞表演游戏、集体舞游戏和专门的舞蹈游戏。教师可组织幼儿一起进行简单的舞蹈动作编排和表演，如圆圈舞。教师组织幼儿手拉手，围成圆圈，随着音乐节奏做旋转、拍手等动作。

参考阅读

音乐游戏“包子点点锤”

小小手儿变出手掌，拍拍拍
小小手儿变出拳头，砰砰砰
小小手儿变出手指，点点点
小小手儿一起握拳，岑岑岑

适合年龄：小班

游戏目标：感知不同的音乐节奏，锻炼幼儿的反应能力。

温馨提示：

1. 教师和幼儿先一起玩“石头剪刀布”的游戏。
2. 使幼儿听清音乐节奏“titi ta”，感受手指的不同变化。
3. 鼓励幼儿边唱歌边跟着音乐做包子点点捶的动作。

音乐游戏“小手动动动”

我的小手拍一拍，拍拍拍拍拍。
我的小手握一握，握握握握握。
我的小手弹一弹，弹弹弹弹弹。
我的小手爬一爬，爬爬爬爬爬。
我的小手勾一勾，勾一勾勾一勾。
小手不见啦。

适合年龄：小班

游戏目标：增强幼儿节奏感以及与同伴的合作能力。

温馨提示：

1. 鼓励幼儿跟着音乐节奏动一动自己的小手。
2. 游戏中教师要与幼儿有眼神的交流和身体的互动。

三、音乐游戏的作用

音乐游戏不仅能提高幼儿的审美能力、表现力、创造力，促进幼儿音乐能力的发展，同时还能够促进幼儿身体机能、情绪情感、社会性的健康发展。

（一）促进幼儿音乐能力的发展

1. 促进幼儿音乐感知能力的发展

人的音乐敏感期在学前阶段。敏感期时给幼儿提供一个适宜的音乐环境，能高效发展其音乐感觉和反应能力。音乐游戏中充满适合幼儿年龄特点的简单的乐曲节奏、节拍、速度、力度、音高、音色等音乐要素。幼儿通过音乐游戏获得对音乐的初步感知。

2. 促进幼儿音乐表现力和音乐创造力的发展

音乐表现力主要指幼儿对音乐作品在美的感受和理解基础上，进行情感与技巧相融合的音乐表现。音乐游戏中幼儿用独特的审美感受和表现方式大胆地表现自己，树立自信心、获得满足感。音乐游戏中幼儿还会自然地尝试哼唱自己创作的小调或表演自己创作的舞蹈，表达自己的情绪情感，进行音乐的即兴创作。游戏这一形式，让幼儿放松心情，大胆表现，因此，音乐游戏能够促进幼儿音乐表现力和创造力的发展。

（二）促进幼儿身心发展

1. 有利于幼儿身体机能协调发展

音乐游戏需要幼儿调动身体的各个部位，如耳、眼、脑、喉、肢体的协调配合。幼儿在游戏时要对各部位有明确的认识和掌控，因而使身体协调能力得到发展。

2. 促进幼儿情绪情感的发展

音乐丰富着人类的精神世界。幼儿在音乐游戏中欣赏音乐作品，就是在学习、了解和体会他人的情感表达。幼儿参与音乐游戏时身心愉悦，情感得到释放。音乐成为幼儿表达情绪情感的工具。

3. 促进幼儿社会能力的发展

音乐游戏中音乐节奏的掌握、动作的编排，潜移默化地使幼儿养成自觉遵守规则的好习惯，培养幼儿自我约束、自我激励的能力。幼儿园的音乐游戏让幼儿体验合作与集体的概念，在相互交流表达时学会尊重他人、欣赏他人，有助于形成健康的心埋品质和良好的社会能力。

第二节　音乐游戏的组织与指导

一、音乐游戏的准备

（一）选编适宜的音乐游戏

音乐游戏具有音乐性、游戏性的特点，也具有一定的动作性、情景性。幼儿通过听一听、唱一唱、玩一玩的方式，感受音乐游戏的自由之美。音乐游戏要符合幼儿的年龄特点、做到“好玩”“有趣”和有较强的“音乐性”。各年龄班幼儿对音乐游戏的领悟与表现能力不同（见表6－1），教师在指导幼儿游戏时要针对各年龄段幼儿的具体特点，有侧重地进行指导。

表6－1　各年龄班幼儿音乐游戏的表现

	能力水平	教师示范讲解	规则要求
小班	能够经常自哼自唱或模仿有趣的动作、表情和声调；能用声音、动作、姿态模拟自然界的事物和生活情景。	讲解时注重语言讲解和示范动作相结合；语言形象、生动、简洁。	在游戏过程中逐步提出游戏规则。
中班	能即兴表演或给熟悉的歌曲编词来表达自己的心情。	教师进行语言讲解时仍须结合示范动作。	在游戏中提醒幼儿注意遵守游戏规则，关注游戏结果，可适当开展游戏竞赛。
大班	能用基本准确的节奏和音调唱歌；能用律动或简单的舞蹈动作表现自己的情绪或自然界的情景。	教师可以多用语言讲解，尽可能减少对幼儿游戏的介入。	幼儿独立游戏，严格遵守规则，争取最好的游戏结果；幼儿可以简单评价游戏过程和结果，可以开展稍复杂的游戏竞赛。

1. 唱歌游戏

唱歌游戏中，幼儿根据自己对歌曲中词意和曲调的理解，通过歌唱动作或舞蹈动作，塑造人物形象。唱歌游戏的教育功能，主要不在于使幼儿学习新歌曲，学习演唱的技能和方法，而在于运用唱歌和舞蹈来培养幼儿的创造性，使幼儿在歌舞活动中获得乐趣的同时，陶冶情操。幼儿理解音乐的乐句，体验音乐表现的不同情绪，通过演唱加深对歌词和音乐情绪的认识，以游戏的方式将唱歌活动变得生动有趣。

在设计上，对于唱歌游戏的歌曲的选择，应注意节奏简单，篇幅短小，符合幼儿的年龄特征。唱歌游戏要注意演唱音域要求，小班的歌曲必须在八度以内，中、大班的歌曲可到九度。同时注意选择富有一定情节、便于角色扮演的歌曲。在歌词上，最好采用对话式或情境式语言，可以有较多的抒情式语言。在乐曲上，节奏感强一些，旋律以欢快为主调，便于幼儿表演时充分表达童稚的欢乐。在游戏表演过程中，引导幼儿注意把词、曲的理解与创造性的舞蹈动作统一起来，鼓励幼儿大胆地为歌曲配动作，创编一些简单的舞蹈，创造条件引导幼儿为歌曲增编歌词或自编歌曲。唱歌游戏可以和其他艺术形式或其他领域的知识与技能相结合，以增强游戏的趣味性。

参考阅读

大班音乐游戏“快乐的小厨师”

观察要点

1. 观察幼儿能否自主阅读图谱、仿编说唱词进行说唱游戏。

2. 观察幼儿能否迁移歌曲说白部分的语言节奏，与同伴合作创编新节奏，并随音乐尝试说唱。

3. 观察幼儿能否自主扮演“小厨师”，并用活泼欢快的歌声演唱歌曲。

游戏准备

1. 经验准备：幼儿已学会歌曲《快乐的小厨师》的演唱部分。

2. 材料准备：歌曲《快乐的小厨师》，西红柿炒蛋、苦瓜炒肉丝、红烧排骨、拔丝土豆、干贝豆腐汤、皮蛋瘦肉粥等常见菜肴的图片，白色海绵纸，订书机，围裙，玩具刀、锅铲、不锈钢勺子、盘子等与活动有关的能敲出声响的生活用品，“青椒炒牛肉”说唱节奏图谱。

3. 资源利用：请家长在家中教幼儿几种家常菜谱，并和幼儿一起研究出更多的菜谱，创编新的说唱词。

4. 环境创设：将音乐区创设成“娃娃餐厅”，张贴招牌和常见菜肴的图片，放置菜谱。

指导建议

（一）游戏开展前

1. 利用生活活动时间播放歌曲《快乐的小厨师》，引导幼儿欣赏歌曲，学唱歌曲。

2. 组织幼儿用白色海绵纸和订书机自制厨师帽，投放到音乐区。

3. 把“青椒炒牛肉”说唱节奏图谱投放到音乐区，引导幼儿学习并尝试说唱。

4. 向幼儿介绍投放的材料，激发幼儿表演“小厨师”的愿望。

5. 引导幼儿戴上自制的厨师帽，围上围裙，自主装扮成“小厨师”。

（二）游戏过程中

1. 利用家常菜的节奏图谱，引导幼儿有节奏地说唱图谱上的家常菜名，鼓励幼儿相互说唱自己会的菜谱。

2. 借助节奏图谱，引导幼儿用新学会的菜名替换歌曲中的菜名进行说唱。

3. 玩说唱游戏"接力赛"，启发幼儿迁移说唱中的节奏经验，选择新菜的节奏图谱，并尝试按歌曲的节奏说唱，巩固幼儿对说唱的掌握。

玩法参考：幼儿自由结伴合作，跟随音乐说唱节奏，一个幼儿说菜名，另一个幼儿紧跟着说出切菜的节奏；鼓励幼儿自主探索其他的说唱玩法。

（三）游戏推进策略

1. 引导幼儿结伴合作创编新菜谱的节奏图谱。幼儿自主选择两张菜谱图片，先观察做这两道菜用了哪些材料，再想想怎么用这些材料替换原来节奏图谱里的材料，变成新的说唱节奏图谱，再听音乐学说新菜谱的说唱词。

2. 在观察和指导时，重点提示幼儿先找出图片上的菜谱材料，再按说唱节奏把材料编进图谱里；引导幼儿编好后一起随音乐练习说唱，体验与同伴合作创编的成功感。

3. 引导扮演"小厨师"的幼儿进入游戏情境，用锅铲、不锈钢勺子、盘子等能敲出声响的生活用品，为说唱歌曲伴奏，充分感受说唱游戏的乐趣。

资料来源："福建省幼儿园教师教育用书"编写委员会．领域活动指导：大班下册．福州：福建人民出版社，2017.

2. 节奏游戏

节奏游戏中，幼儿通过肢体动作体会音乐中节奏的重音、跳音。在玩打击乐游戏时，幼儿掌握常见的乐器演奏方法，了解不同乐器并学习演奏这些乐器，使幼儿在游戏中找到演奏乐器的乐趣。节奏游戏应遵循个体掌握节奏的发展规律，节奏与节拍、速度、时值、重音、力度、休止等音乐要素密切相关。节奏游戏建立在完整的乐段中，教师首先应该给予幼儿充分的时间去聆听完整的音乐作品，感受不同节奏带来的变化。节奏游戏的方式和材料应丰富多样，幼儿可以拍打一切能打出声音的材料，变成节奏。

参考阅读

中班音乐游戏"蜜蜂逗强哥"

观察要点

1. 观察幼儿能否感受并区分乐曲 A、B 段的不同风格，并能用稳定的节奏摇铃演奏 A 段，用急促摇铃的方式演奏 B 段。

2. 观察幼儿能否随音乐控制肢体动作，在看到指令动作时能否静止不动，控制好串铃。

3. 观察幼儿能否遵守游戏规则，分角色进行节奏游戏，体验节奏游戏的乐趣。

游戏准备

1. 经验准备：幼儿听过音乐《紫色激情》，了解音乐 A、B 段的节奏。

2. 材料准备：音乐《紫色激情》，串铃人手一个，大鼓一面，鼓槌一对，光头强头饰一个，蜜蜂头饰若干。

3. 环境创设：把椅子围成半圆形，将串铃放在椅子上，圆心处摆放一张椅子，上面放着大鼓、鼓槌。

指导建议

（一）游戏开展前

1. 故事导入，引导幼儿了解节奏游戏的玩法及规则。

引导语：光头强最喜欢砍树了，这不，他又要到森林里砍树了。树上住着的可爱的小蜜蜂可担心了。为了保护它们的家，小蜜蜂和光头强展开了“大战”。

玩法：音乐A段中，扮演光头强的幼儿在乐曲每一停顿处敲一下鼓（代表砍一下树）；扮演蜜蜂的幼儿根据鼓点同时摇一下铃，做“吓一跳”状。音乐B段中，扮演蜜蜂的幼儿随音乐连续、急促地抖动串铃，表现蜜蜂蜇光头强的情境；扮演光头强的幼儿则随音乐做躲避蜜蜂的动作，并在每个乐句结束时回头做驱赶蜜蜂的动作，此时蜜蜂要静止不动，摆出各种定型动作。

规则：幼儿根据音乐节奏进行节奏游戏，大胆表现自己的创意。

2. 熟悉音乐，了解音乐A段鲜明的节奏特点和B段急促连贯的节奏特点。

（二）游戏过程中

1. 引导幼儿选择角色并戴上头饰进行装扮。

2. 组织幼儿围坐在一起，根据不同角色选择不同的乐器。扮演光头强的幼儿敲鼓，扮演蜜蜂的幼儿拿串铃。

3. 引导幼儿随音乐进行节奏游戏，表现出A段光头强砍一下树、蜜蜂吓一跳的情境，以及B段蜜蜂蜇光头强、光头强躲避并不时回头驱赶蜜蜂的情境。鼓励扮演蜜蜂的幼儿做定型动作的时候大胆表现自己的造型。

4. 鼓励幼儿交换角色进行游戏，倾听音乐，遵守游戏规则，感受节奏游戏的快乐。

（三）游戏推进策略

1. 刚开始的时候可先不使用乐器，引导幼儿熟悉基本节奏，了解游戏规则。

2. 在幼儿熟悉基本动作的基础上，引导幼儿大胆创编蜜蜂蜇光头强、光头强躲避并不时回头驱赶蜜蜂的动作。

3. 增加多种乐器，如碰铃、铃鼓、响板、沙锤或自制的低结构节奏乐器，供幼儿自主选择，随乐游戏。

资料来源：“福建省幼儿园教师教育用书”编写委员会．领域活动指导：中班下册．福州：福建人民出版社，2017.

3. 舞蹈游戏

幼儿对于乐句的理解仅通过倾听是很困难的，如果借助身体律动类的音乐游戏，让幼儿感受不同音色和力度带来的情绪变化，幼儿就能很快理解乐句的结构、划分和关系。舞蹈游戏中的舞蹈动作要符合幼儿的年龄特征。舞蹈游戏的玩法要情节有趣，结构精巧，富于模仿性、情境性和创造性。

舞蹈游戏中最常见的是律动游戏。律动游戏是指随音乐进行的有节奏的身体动作。

作为韵律活动的基本内容，律动具有动作与音乐双重特点。简单地讲，律动就是一种动作模仿，其核心是节奏。律动的内容主要取材于动物的动作、自然现象、人的劳动生活以及运动中的动作，其中，动物形态的律动备受幼儿的喜爱。因此，选材方面要考虑幼儿动作发展水平，兼顾律动曲的适宜性。要选择那些适合幼儿现有感性经验和音乐理解能力及动作表现能力的韵律游戏。音乐的律动、曲调、节奏要鲜明，形象性强，以引起幼儿的表演欲望，如集体舞蹈游戏“幸福拍手歌”。

此外，还需要帮助幼儿积累感性经验，增强音乐理解能力和动作表现能力。舞蹈游戏不是一种机械模仿式的枯燥练习，而是一种富有感情色彩和创造性的生动表演。幼儿必须积累丰富的感性经验，储存足够的动作，才能在舞蹈游戏中形成一种富有表现力的表演方式。

为了激发表演兴趣，可为幼儿提供自由表现的音乐环境，可利用玩具或道具来表演。

参考阅读

中班音乐游戏“机器人”

观察要点

1. 观察幼儿能否感受乐曲不同的风格，表现机器人喝水、走路、做运动等动作。
2. 观察幼儿能否用自己喜欢的动作表现各种机器人工作的场景。
3. 观察幼儿能否根据音乐的变化，随音乐表现不同的表演内容。

游戏准备

1. 经验准备：幼儿听过歌曲 *Baby*，了解乐曲 A、B 段的不同风格。
2. 材料准备：歌曲 *Baby*、纸盒、小纸箱等。
3. 环境创设：和幼儿一起布置机器人展厅。

指导建议

（一）游戏开展前

1. 介绍游戏材料和场地，鼓励幼儿用小纸箱和纸盒等材料把自己装扮成机器人。
2. 引导幼儿协商分配人类和机器人的角色。
3. 根据幼儿游戏的角色需要参与游戏。

（二）游戏过程中

1. 引导幼儿倾听音乐，大胆地将人类喝水、走路、做运动等动作改编成机器人“短短短长”的基本模式。以喝水动作为例，可将低头至逐渐抬头喝水拆编成一下一停顿的三个动作，即“短短短”动作模式；将最后仰头往嘴里倒水编成一个连贯的动作，即“长”动作模式。

2. 在歌曲 A 段，人类做一个喜欢的动作，机器人做观望状，并随音乐有节奏地摇晃。

3. 在歌曲 B 段，人类继续做相同的动作，机器人模仿人类的动作随音乐大胆表现，要求动作有“短短短长”的基本模式。

4. 鼓励幼儿随音乐游戏，学习听音乐表现动作，体验模仿创编游戏的快乐。

（三）游戏推进策略

1. 提醒幼儿注意，由于机器人的程序不能随意改变，因此人类的动作也不能随意变动。

2. 鼓励幼儿结合自己的生活经验，结合“短短短长”的节奏创编出丰富的、与众不同的动作。

资料来源：“福建省幼儿园教师教育用书”编写委员会．领域活动指导：中班下册．福州：福建人民出版社，2017.

（二）确定合适的游戏场地

为了激发幼儿游戏兴趣，要为幼儿提供自由表现的音乐环境。音乐游戏一般需要相对宽敞的场地，以保证幼儿获得足够的活动空间，保证游戏取得预期的效果。此外，还要做好玩具的准备工作，为幼儿提供适宜的游戏材料，吸引幼儿自主参与游戏活动，促进游戏情节的发展。

二、音乐游戏过程的指导

（一）介绍游戏的名称及主要内容

教师介绍游戏的名称及玩法。讲解时，教师要尽可能运用形象、生动、简洁的语言，吸引幼儿的兴趣。例如，教师可以利用故事带入音乐游戏。

（二）让幼儿熟悉游戏中的音乐

营造情境化的游戏氛围。通过预设情境化的游戏氛围，让幼儿感受音乐，轻松、自然地融入音乐作品的意境中，使音乐具体形象化，尽可能帮助幼儿整体感知音乐的结构、旋律、节奏等。

游戏中教师先示范讲解玩法，然后通过提问，引导幼儿主动发现问题、重复关键部分等方式确保幼儿理解游戏玩法。游戏中教师应淡化专业要求，如唱歌游戏淡化音高音准，节奏游戏淡化术语语境，舞蹈游戏淡化舞蹈动作。

（三）游戏中的教师介入

教师首先采用关键部分试玩的方式，通过组织幼儿单独试玩、小组试玩的方式尝试了解规则。在尝试后让幼儿互评，找到问题，解决问题。学会玩法后，全体幼儿参与游戏，教师逐步退出。

音乐游戏中，幼儿是游戏的主体，教师起引导作用。在创造性游戏时，教师要掌握好介入时机与介入程度。在规则游戏中，规则大多都由教师制定，教师要把握好参与度，让幼儿成为音乐游戏的主人。在游戏过程中，激发幼儿用自己的生活经验创编音乐的情节、角色、动作。整个指导既要发挥幼儿的主体性，又要引导幼儿遵守规则，鼓励幼儿根据规则进行探究和挑战。

三、整理场地和游戏评价

游戏结束后，引导幼儿收拾玩具、整理场地，既是本次游戏的结束，又能为顺利开展下次游戏提供必要的基础和条件，同时还可以培养幼儿独立做事、善始善终的良好习惯。之后评价游戏，教师可以进一步了解幼儿的游戏情况，丰富游戏情节，提高幼儿解决问题的能力。

学习小结

学

1. 阅读教材，完成本单元任务。
2. 扫码观看本单元微课。

微课

音乐游戏指导方法

做

1. 为小中大班各设计一个音乐游戏。
2. 做本单元过关题。
3. 利用幼儿游戏观察记录表（见表 4－3），到幼儿园自选一个年龄班观察记录一次音乐游戏。

思

1. 谈谈本单元学习心得。
2. 思考：音乐游戏是否是教学游戏？

推荐阅读

[1] 董丽，周蓓．幼儿音乐游戏课例集．上海：复旦大学出版社，2012.

推荐理由：此书将理论阐述与教学课例相结合，把幼儿的音乐实践分为歌唱游戏、律动游戏、演奏游戏、欣赏游戏等四个部分，每个部分围绕教育价值、能力发展特征、设计与指导以及具体的课例进行分析。

[2] 李妲娜，修海林，尹爱青．奥尔夫音乐教育思想与实践．上海：上海教育出版社，2011.

推荐理由：此书分为奥尔夫的生平与音乐活动、奥尔夫音乐教育思想述评、奥尔夫音乐教育实践在中国的传播及其本土化三章，可以作为了解奥尔夫音乐的参考资料。

育德明心

幼儿音乐游戏中的素养教育

过关题

单项选择题

1. 智力游戏、体育游戏和音乐游戏是（　　）。

A. 创造性游戏　　B. 非遗传统游戏
C. 规则游戏　　D. 集体游戏

2. 幼儿通过听一听、唱一唱、玩一玩的方式，感受到音乐的美和游戏的自由。这种游戏是（　　）。

A. 听力游戏　　B. 音乐游戏
C. 表演游戏　　D. 感觉运动游戏

3. 幼儿们认真地背台词，准备在“六一”晚会上表演童话《小蝌蚪找妈妈》。他们准备的是（　　）。

A. 角色游戏　　B. 智力游戏
C. 表演游戏　　D. 戏剧表演

4. 玩节奏、玩乐器、玩即兴的歌词哼唱是（　　）。

A. 智力游戏　　B. 音乐游戏
C. 科学游戏　　D. 角色游戏

5. 幼儿对于无歌词乐句的理解能力有限，为了加深理解，需要借助的方式不包括（　　）。

A. 舞蹈的动作　　B. 具体的情景描述
C. 形象化的图谱　　D. 增加歌词

6. 下列关于音乐游戏的说法错误的是（　　）。

A. 它要为幼儿提供自由表现的音乐环境

B. 它要为幼儿准备适宜的音乐游戏材料

C. 它要有较为严格的节奏要求

D. 它要有较为宽敞的场地

7. 音乐游戏的规则是（　　）。

A. 教师制定　　B. 幼儿自己制定

C. 边玩边制定　　D. 没有固定的规则

8. 幼儿在音乐区角的活动目的是（　　）。

A. 系统地学习音乐　　B. 自发地音乐实践

C. 音乐合作交流　　D. 音乐表演

9. 下列关于幼儿音乐游戏的说法中错误的是（　　）。

A. 内容可以游戏化　　B. 目标可以游戏化

C. 方法可以游戏化　　D. 形式上可以游戏化

10. 幼儿在音乐中跳《找朋友》的集体舞，这是（　　）。

A. 音乐游戏　　B. 体育游戏

C. 体操训练　　D. 智力游戏

本单元思维导图

- 音乐游戏
  - 什么是音乐游戏
    - 概念
      - 属于规则性游戏
      - 简单律动
    - 种类
      - 按主题内容分
        - 主题性音乐游戏
        - 非主题性音乐游戏
      - 按音乐教育实践分
        - 唱歌游戏
        - 节奏游戏
        - 舞蹈游戏
    - 作用
      - 音乐能力
        - 音乐感知能力
        - 音乐表现力及创造力
      - 身心发展
        - 身体机能
        - 情绪情感
        - 社会能力
  - 音乐游戏的组织与指导
    - 准备
      - 选编适宜的游戏
        - 唱歌游戏
        - 节奏游戏
        - 舞蹈游戏
      - 确定合适的游戏场地
    - 过程
      - 介绍名称、内容
      - 让幼儿熟悉音乐
      - 适当介入
    - 结束
      - 整理
      - 评价

第七单元

体育游戏

知识目标

1. 了解体育游戏的类型
2. 掌握体育游戏的设计要点

能力目标

能设计和指导各年龄班体育游戏

素养目标

1. 认同合作精神的重要性，树立培养幼儿互相帮助、共同进步的团队精神的意识
2. 尊重规则，知道为人师表的重要性

任务索引

任务描述

小祥是一名大二学生，在学习“幼儿游戏”课程时提出疑问：幼儿园一个班级有那么多幼儿，玩体育游戏时幼儿玩“疯”了的时候，不听教师指挥，到处乱跑怎么办？会不会出现危险？幼儿园教师该如何组织体育游戏？带着这些问题，我们开始本单元的学习。

第一节 体育游戏的理论概述

一、体育游戏的概念

体育游戏是以增强幼儿体质为主要目的，以基本动作为主要内容，以游戏活动为基本形式的一种综合性较强的游戏活动（见图 7－1）。

图 7－1 幼儿在玩体育游戏

二、体育游戏的特点

（一）具有健身性

身体参与活动，才是体育游戏。体育游戏能够促进幼儿大小肌肉群的发展。体育游戏包含走、跑、跳、投等基本动作，有一定的运动量。通过玩体育游戏，可以发展幼儿的基本活动能力，提高身体素质，增强免疫力。

（二）具有娱乐性

体育游戏能够使幼儿在精神上得到欢愉，满足幼儿对于娱乐的需求，调节幼儿的情绪。

（三）具有规则性

体育游戏属于规则性游戏，大多具有竞赛性。在一定规则约束下体育游戏才可以顺利进行。游戏的规则具有非常重要的作用，能培养幼儿良好的规则意识。

（四）具有教育性

在体育游戏中，幼儿必须遵守游戏规则，控制、约束自己的行为，这种体验有助于幼儿形成行为的社会定式，内化社会行为规范。体育游戏中的群体活动，角色的扮演、转换与互动，满足了幼儿社会归属和团队归属的愿望，有助于幼儿掌握人际交往技能，形成健康的人格，发展社会适应能力。体育游戏具有竞赛性，可以激发幼儿的进取心和自尊心，培养幼儿的道德感和责任感，促进幼儿健康个性的形成与发展。体育游戏能为幼儿创造一种合作、竞争，同时又相互鼓励、彼此理解的环境，在这种生动活泼、和谐友好的气氛中，幼儿的个性与社会性得到高度发展。

三、体育游戏的分类

（一）根据游戏的内容分类

根据游戏的内容，体育游戏可以分为奔跑类游戏、跳跃类游戏、平衡类游戏、投掷类游戏、爬行类游戏和综合类游戏。例如，“运球小能手”“动物运动会”等。

（二）根据游戏的组织形式分类

根据游戏的组织形式，体育游戏可以分为自由式游戏（游戏时幼儿自由组合）、分组式游戏（游戏时幼儿分成几个团队）、混龄式游戏（各年龄班幼儿一起游戏）和循环式游戏（多种组织形式交替进行）。例如，“拔河比赛”“接力运球”“个人跳绳挑战”等。

（三）根据游戏的目的分类

根据游戏的目的，体育游戏可以分为动作发展类游戏、素质培养类游戏和身心娱乐类游戏。虽然体育游戏多少都存在以上三个目的，但相对以某个目的为主。例如，“迷宫探险”“传球交朋友”等。

（四）根据产生的时间分类

根据产生的时间，体育游戏可以分为现代体育游戏和传统体育游戏。例如，“AR运动冒险”“丢手绢”“踢毽子”等。

四、幼儿园各年龄班体育游戏的特点

不同年龄班幼儿的身体素质和心理水平差距较大，在体育游戏中体现出不同的特点（见表 7－1）。

表 7-1 幼儿园各年龄班体育游戏的特点

项目	小班	中班	大班
身体和动作发展	体力和身体素质薄弱，大肌肉群发育不完善，基本动作缺乏协调性和准确性，平衡能力差，活动不自如。	体力增强，动作比小班更灵活和协调，平衡能力大大提高。	身体更壮实，体力充沛，熟练掌握各项基本动作，动作更协调有序、灵活自如。
心理特点	喜爱游戏，好模仿，注意力不易集中。	智力发展、空间知觉能力明显增强，注意力比较集中，能控制自己，自觉遵守游戏规则。	知识范围扩大、观察分析和理解能力提高；具有组织能力和控制注意的能力，具有责任感。
游戏内容、情节	比较简单，角色少，以教师带领全班幼儿游戏为主。	喜欢有情节、有角色、有追逐性的游戏，情节比小班复杂；增加了分组竞赛游戏；以同伴互动的集体游戏为主，增加互动合作游戏比例。	情节和角色之间的关系更为复杂；以合作的小组游戏为主；可采用分组竞赛、分组合作的游戏形式。
游戏行为	常集体做同一个动作，完成同一项任务。	动作比小班复杂。	动作增多，难度加大，往往需要克服一定的困难，才能达到游戏的目的。
游戏规则	简单，比较容易做到，不带有限制性。	比较复杂，带有限制性。	复杂且限制性较强。
游戏结果	不太注意。	有所注意。	喜欢游戏有胜负的结果。

第二节　体育游戏的组织与指导

一、体育游戏的前期准备

（一）选择适宜的体育游戏

游戏前要全面了解幼儿的情况，包括幼儿的体质、动作、能力等，有针对性地选编游戏。游戏要符合幼儿生理、心理发展特点并具有趣味性。根据《3～6 岁儿童学习与发展指南》中各年龄班幼儿发展目标要求，从幼儿现有水平出发制定目标，最终要促进幼儿达到新的发展水平。目标内容应注意促进幼儿全方面发展。另外，目标制定要具有可操作性。

1. 幼儿体育游戏的内容

（1）练习基本动作：走、跑、跳、投、钻、爬、攀登、滚动等；

（2）运用大、中、小型运动器械：各种球、绳、圈、棍、沙包、钻架等；

（3）利用自然环境材料和场地：水、土、沙子、石头、冰雪、山坡、田野等；

（4）民族、民间地域性体育游戏活动：舞龙、斗鸡、跳竹竿、荡秋千等。

幼儿园实景

丛林野战开始啦

幼儿体育游戏如图 7－2 所示。

图 7－2　幼儿晨间体育游戏

2. 幼儿体育游戏的情节、角色、规则

（1）情节。

可以以幼儿熟悉的生活、电视、电影、画报、报刊中的童话故事、各种活动为题材，设计情节，如探宝、救援等。当然也有部分体育游戏没有复杂的情节，如荡秋千，甚至没有任何情节，但它具备身体活动的玩法，因此，也是幼儿喜爱的体育游戏。

（2）角色。

体育游戏角色依据游戏的复杂程度而设。角色安排方面，可以设计众多幼儿扮演同一个角色或不同角色，共同完成一个任务，也可以选择不同角色相互对抗。

（3）规则。

规则起到组织及保证游戏合理、公正的作用。体育游戏属于规则性游戏，规则开始由教师制定，体现一定的教育目的，培养幼儿的规则意识，消减幼儿的自我中心意识。

（二）游戏环境准备

环境是重要的游戏资源。在布置体育游戏环境时，要注意安全性和适应性原则。环境创设应贴近幼儿的生活，体现游戏的趣味，容易被幼儿理解和接受。幼儿园内的户外草地、塑胶地、土坡、沙池、水池、投掷墙、攀岩墙、室内大教室等都可以作为游戏的场地。场地内的设施、各种购置和自制的运动器械都是体育游戏环境创设的资源。这些资源通过教师的设计和布置，就构成了体育游戏环境。这一环境应有利于引发、支持幼儿的游戏，使幼儿与周围环境之间产生积极的相互作用，有效地促进游戏开展。

除了场地外，体育游戏还需要准备器材。教师要对器材名称、数量及安排，场地布置、划分，辅助器材的布置等做到心中有数。在材料上，为小班幼儿投放情境性、趣味性较强的材料；为中、大班幼儿提供低结构的运动材料，让幼儿探索不同的玩法。

二、体育游戏过程中的组织与指导

（一）游戏前要督促、检查和帮助幼儿

主要是帮助幼儿整理服装、鞋子（脱去多余衣、裤，摘掉手套、围巾等）；检查场地是否平整，运动器械是否结实耐用。

（二）游戏过程的观察和指导

1. 游戏导入

热身活动是让幼儿先活动肢体，为随后的剧烈活动做准备，可以提高随后活动的效率和安全性。幼儿园体育游戏如果是有组织的游戏，那么热身活动以队列活动和教师带领下的针对性活动为主；如果是幼儿自由体育游戏，幼儿拿取体育器械、商量玩法、对游戏的初步尝试等就构成了热身活动。幼儿热身后，教师要激发幼儿的兴趣，强调游戏中的常规，提醒幼儿注意安全。如果是新游戏，教师应帮助幼儿了解游戏的玩法和规则。游戏导入的方法有悬念式导入、探究式导入、讲解式导入等。

教师讲解游戏玩法和规则要用形象、生动的语言，语言简明扼要、声音洪亮。教师讲解可结合示范进行（教师自己示范或请幼儿示范），将难点前置，可以利用故事讲述等方法，用生动活泼的方式让幼儿理解玩法。讲解示范后，要进行分队（组）、选角色等组织工作，以保证游戏顺利进行。玩分队（组）竞赛的游戏时，各队力量搭配要合理，将能力强弱的男女幼儿平均分开，使各队力量基本相等。在最初游戏时，为了游戏进展顺利，小班主要角色可以由教师担任，大、中班可由能力强的幼儿轮流担任。等幼儿对游戏规则熟悉后，教师退出，让幼儿自主游戏。

2. 游戏进行中

此阶段，教师带领幼儿游戏或幼儿自己游戏。游戏时，教师要选择合理的位置观察幼儿，观察幼儿集体，也观察幼儿个体。游戏进行时，幼儿往往沉浸于情景之中，而忽略动作的姿势和游戏的规则。教师要适时适度地进行指导，鼓励引导幼儿主动、积极地开展游戏。如果是教师组织的游戏，教师要注意将活动量大的游戏与活动量小的游戏结合起来，根据需要对游戏进行阶段性小结讲评，鼓励幼儿继续游戏或调整游戏，进而达到调节运动负荷的目的。如果是幼儿自发游戏，幼儿自主选择玩伴和玩法，教师参与较少，主要通过提供的器材和场地来进行隐性干预，但仍需关注幼儿动作姿势与规则是否存在不安全因素。此外，由于体育游戏的开放性，教师可以引导幼儿拓展多种玩法。如一物多玩、任务演变等，将游戏拓展出新的难度。教师常用的介入方法有参与、帮助、纠正等。图 7－3 为教师观察幼儿游戏。

图 7－3　教师观察幼儿游戏

3. 游戏结束

游戏结束时间取决于游戏的活动量和幼儿的兴趣。游戏结束时可导入轻松的放松活动，自然结束或进行全面与重点相结合的讲评（以鼓励为主），激发幼儿下次玩游戏的愿望。游戏结束方法有交流、演示、讲评（包括提出新的玩法和要求）等。最后让幼儿参与收拾、整理场地与器材，穿好衣服。

三、指导体育游戏的注意事项

（一）教师只是引导，幼儿是游戏的主体

幼儿是游戏真正的主人。教师的作用体现在使幼儿真正成为体育游戏的主体。教师在环境布置、语言讲解、讲评、发布口令、示范等方面要注意激发幼儿参与体育游戏的兴趣。

（二）重视教师示范

幼儿思维处于具体形象阶段，离不开具体形象事物的支撑。在体育游戏指导中，教师要运用形象、生动的语言描述，结合动作示范，引导幼儿积极思维、模仿，使幼儿的视觉和肌肉同时“工作”，让幼儿尽快熟悉体育游戏内容，掌握体育游戏方法和规则，积极投身于体育游戏中。例如，教师教幼儿跳绳，先示范正确的跳绳姿势和动作节奏，再用简单易懂的语言说明动作要领，如“双脚轻轻跳，绳子甩起来”。

教师在示范时，要注意向幼儿表述清楚应该集合成什么队形、分成多少人一队、开展游戏的具体方法和结果，以及游戏从开始到结束的顺序。

（三）面向全体，重视个别差异

在体育游戏中，教师应该设计不同难度的游戏内容。教师既要照顾全体幼儿的兴趣、爱好和现有的发展水平，又要照顾对一般活动感到困难或者不能得到满足的幼儿，加强个别指导，让每个幼儿在不同水平上都得到发展。

（四）运动负荷适宜

教师要选用适合不同年龄幼儿的游戏，难易程度要适中，保证幼儿有充足的游戏时间。教师要做到精讲多练，减少不必要的过渡环节，消除不合理的等待现象，增加幼儿实际活动时间。在体育游戏过程中，教师还要密切观察幼儿的生理现象，如脸色、出汗量、呼吸频率、动作协调性等，及时运用增减练习时间和次数，改变集中或分散练习等方式，使幼儿的运动负荷始终处于适宜的状态。一般小班游戏时间为 15～20 分钟，中班为 20～25 分钟，大班为 25～30 分钟。运动强度以幼儿微微出汗、稍感疲劳但休息后能恢复为宜。

（五）注意游戏卫生和安全

幼儿缺乏运动经验，特别是缺乏运动中卫生和安全的经验。教师要了解每个幼儿当日的健康状况，如有不适，应采取暂停游戏或减少游戏时间等措施。要对游戏的场地、器材及时进行检查，排除不安全因素。要提醒幼儿穿着舒适、轻便的运动服装和运动鞋，避免穿着过长的裙子、紧身牛仔裤或皮鞋，防止运动时绊倒或扭伤。要做到规范、有序地开展体育游戏，培养幼儿体育活动的常规。如教师发出集合信号后，幼儿能很快

地排成一个较固定的队形（围在教师周围等）；能注意力集中地听教师讲解、看教师示范；在游戏中能遵守规则，不做危险动作；如违反了规则，能主动、自觉地按违规“处罚”去做等。

幼儿游戏时，教师还应密切观察幼儿游戏时的运动状态，要特别注意那些自我控制能力较差或容易冲动的幼儿，以及运动时不够灵敏、协调的幼儿。如发现危险动作，则要及时运用柔和的语言提示和保护帮助的方法，防止事故发生。

幼儿园情景再现

小班幼儿刚入园不久，情绪稳定了一些。户外活动时间，教师用塑料拱门搭建了一条钻山洞路线，用龟背壳和宽木板搭建了第二条路线，用踏板、波速球和宽木板搭建了第三条路线，幼儿可自主选择想要玩的路线。

达达去玩钻山洞，他用手脚爬，没有下蹲钻，宁宁也是爬着通过；若若走龟背壳要教师牵着走，不能自己独立行走，小蔚也要教师牵着走；在踏板和波速球路线上的幼儿能独立行走，他们在波速球处跳一跳，走过踏板和宽木板。于是在操场上出现了这样的场景：踏板、波速球和宽木板路线处，幼儿开始排队，钻山洞处基本没有幼儿去玩，玩龟背壳的幼儿有一半需要教师牵着走。

真题链接

简答题

请简述幼儿户外运动游戏中教师观察的要点。

（2023 年下半年国家教师资格考试《保教知识与能力》真题）

参考答案

游戏是幼儿最喜爱的活动，户外运动游戏强度较大，因此教师需要随时观察。需要把握的观察要点如下。

1. 观察游戏环境

观察游戏场地的安排是否合理，设施是否安全，有无浪费的地方或过于拥挤的区域等。游戏的材料是否丰富，是否满足幼儿的需要。

2. 观察游戏中的幼儿

观察幼儿在游戏中的身心发展情况。观察幼儿对游戏的专注程度、在游戏中的兴趣偏好、游戏的内容和玩法以及游戏中的同伴交往等。

3. 观察游戏与课程之间的关系

教师要能够捕捉到幼儿在游戏中的共性问题，通过授课等方式解决问题。

4. 观察游戏时间

观察游戏时间是否充足，游戏时间规划是否合理，能否保证幼儿顺利完成游戏。

参考阅读

大班体育游戏“玩纸板”

预期目标

1. 能用纸板进行走、跳、掷等。

2. 探索纸板的多种玩法，体验玩纸板的乐趣。

材料投放

大小适宜的纸板若干。

参考玩法

玩法一：将纸板顶在头上或放在背上、手臂上向前走，不让纸板掉下来。

玩法二：将纸板间隔放置，用单脚跳、双脚跳或单双脚交替跳的方法，依次从纸板上跳过。

玩法三：将纸板拿在手上当飞盘，掷出去。

指导建议

引导幼儿利用纸板自由探索不同的玩法。

资料来源：“福建省幼儿园教师教育用书”编写委员会．领域活动指导：大班下册．福州：福建人民出版社，2017.

中班体育游戏“摆玩绳子”

预期目标

能自由地摆放绳子，进行跑、跨、跳等。

材料投放

长短不一的绳子若干。

参考玩法

将绳子等距摆放成梯状，在绳梯间跑、跨、单脚跳、双脚跳、单双脚交替跳、侧身跳等，不能踩到绳子。

资料来源：“福建省幼儿园教师教育用书”编写委员会．领域活动指导：中班下册．福州：福建人民出版社，2017.

小班体育游戏“隧道”

预期目标

能在纸箱隧道里手膝着地爬行。

材料投放

自制纸箱隧道、玩具、篮子各若干。

环境创设

在空旷平坦的地面上组合摆放纸箱隧道。

参考玩法

玩法一：按指定的线路在纸箱隧道中手膝着地爬行。

玩法二：边爬边取一个玩具（教师事先放若干玩具在隧道中），将玩具运出隧道，放在出口处的篮子里，再爬入隧道运玩具，比一比谁运的玩具多。

资料来源："福建省幼儿园教师教育用书"编写委员会. 领域活动指导：小班上册. 福州：福建人民出版社，2017.

大班体育游戏"掷包"

预期目标

能将投掷包掷远、投准，锻炼上肢力量，提高手眼协调能力。

材料投放

沙包、塑料圈、海绵包、小背篓、粘贴背心等若干。

参考玩法

玩法一：几个幼儿一起比赛，比一比谁的沙包投掷得远。

规则：所有人投完才能捡回沙包。

玩法二：在前方用塑料圈设置一个"碉堡"，用炸弹（沙包）炸"碉堡"。

规则：若干幼儿一起玩时，需等所有人投完后才能将沙包捡回。

玩法三：部分幼儿在场地上背着小背篓四处跑动，其余幼儿边追逐边将沙包投入小背篓中，看谁投得准。

规则：背小背篓的幼儿应始终保持跑动。

玩法四：穿上粘贴背心，手拿海绵包，边跑边将海绵包投到同伴背心上，海绵包粘在同伴背心上则为投中。

资料来源："福建省幼儿园教师教育用书"编写委员会. 领域活动指导：大班上册. 福州：福建人民出版社，2017.

大班体育游戏"转圈"

预期目标

能让塑料圈在手臂和腰部转动，发展协调能力。

材料投放

大小适宜的塑料圈若干。

参考玩法

玩法一：选择一个小圈放在伸直的手臂上转动，不让圈掉下。熟练后可一手转两个圈或两手同时各转一个圈。

玩法二：选择大圈放在腰部进行转圈。

指导建议

1. 提醒幼儿手臂转圈时应与同伴保持一定距离，避免圈甩出后碰到同伴。

2. 可开展转圈比赛，比比谁转得久，谁一次转的圈多。

资料来源："福建省幼儿园教师教育用书"编写委员会. 领域活动指导：大班上册. 福州：福建人民出版社，2017.

大班体育游戏"花样玩轮胎"

预期目标

能与同伴探索滚、爬、跳等多种轮胎玩法，增强上下肢力量及协调能力。

材料投放

大小适宜的轮胎、路障若干。

参考玩法

（一）滚轮胎

玩法一：将轮胎立起，边推边往前跑。

玩法二：甲、乙两名幼儿相隔一定距离站立。甲边跑边将轮胎滚向乙，然后站在乙的位置；乙接住轮胎后，边跑边将轮胎往回滚至甲原来站立的位置。

玩法三：将轮胎推上斜坡，再将轮胎往下滚。

玩法四：在竹梯上滚轮胎。

玩法五：绕路障“S”形路线滚轮胎。

（二）爬轮胎

玩法一：将轮胎竖着摆放，幼儿以不同方式爬轮胎。

玩法二：将轮胎交错叠放，幼儿以不同方式爬轮胎。

（三）跳轮胎

玩法一：轮胎摆放成一排，单脚跳进轮胎内，单脚跳出轮胎。

玩法二：双脚在轮胎面上行进跳。

玩法三：在轮胎面或轮胎内侧身跳。

指导建设

关注并提醒幼儿注意安全，必要时给予保护。

资料来源：“福建省幼儿园教师教育用书”编写委员会. 领域活动指导：大班上册 . 福州：福建人民出版社，2017.

学习小结

学

1. 阅读教材，完成本单元任务。
2. 扫码观看本单元微课。

微课

体育游戏的组织与指导

做

1. 为小、中、大班各设计一个体育游戏。

2. 做本单元过关题。

3. 利用幼儿游戏观察记录表（见表 4－3），到幼儿园自选一个年龄班观察记录一次体育游戏。

一线教师笔记

体育游戏观察记录

思

1. 谈谈本单元学习心得。

2. 思考：体育游戏是否是教学游戏？

推荐阅读

[1] 中国教育科学研究院早期教育研究中心．幼儿园体育游戏与体操．北京：教育科学出版社，2015.

推荐理由：本书内容包括体育游戏和幼儿体操两大部分。体育游戏按照小、中、大班三个年龄段编排，内容涵盖了促进幼儿走、跑、跳、攀爬、投掷、平衡等基本动作发展的体育游戏，每个游戏都有明确的游戏目的、多样的游戏形式、简明灵活的游戏规则以及多种变式的建议。体操部分包括韵律操和器械操，并且提供了视频资料。

[2] 聂莲．幼儿园户外混龄区域活动：幼儿体育活动新探索．上海：华东师范大学出版社，2016.

推荐理由：本书将区域活动作为串联教育活动、生活活动和游戏活动的一条主线。全书共五章：第一章主要阐述户外区域化环境对幼儿生命的意义和身心发展的重要作用；第二章介绍了环境和区域教育活动的理念和实践，并对相关的概念进行解析；第三章是户外区域混龄活动的主体部分；第四章以创新的视角重新来审视愉快课程的内涵；第五章是户外区域混龄活动的评价。

育德明心

常见的中国传统体育游戏

过关题

单项选择题

1. 以增强幼儿体质为主要目的，以基本动作为主要内容，以游戏活动为基本形式的一种综合性较强的游戏活动是（　　）。

A. 体操游戏　　B. 体育游戏　　C. 练习游戏　　D. 感知运动游戏

2. 下列游戏不属于体育游戏的是（　　）。

A. 抢椅子　　B. 跑跑抓

C. 老狼老狼几点钟　　D. 听听是谁的声音

3. 幼儿们在幼儿园跟着音乐整齐地跳起了篮球操。这是（　　）。

A. 做器械操　　B. 玩音乐游戏

C. 玩角色游戏　　D. 玩体育游戏

4. 有组织、有结构的幼儿成套的身体动作练习，一般有儿歌、音乐或节奏伴随的活动是（　　）。

A. 体育游戏　　B. 体操练习　　C. 户外体育　　D. 角色游戏

5. 幼儿园适合经常开展的体育游戏可涉及（　　）。

A. 走平衡木　　B. 拔河　　C. 长时间地吊挂　　D. 长跑

6. 调整幼儿体育游戏的运动量，主要考量（　　）。

A. 幼儿生理变化　　B. 幼儿游戏的兴趣

C. 幼儿游戏的任务是否完成　　D. 幼儿对游戏的参与程度

7. 荡秋千是（　　）。

A. 非遗传统游戏　　B. 体育游戏

C. 智力游戏　　D. 角色游戏

8. 下列属于个人体育游戏的是（　　）。

A. 跑跑抓　　B. 找朋友　　C. 抢凳子　　D. 滑滑梯

9. 下列关于体育游戏中对于运动负荷要求的说法，错误的是（　　）。

A. 教师应时刻关注，注意随时调整

B. 教师不必关注，幼儿自己会随时调整

C. 教师要减少不必要的过渡和等待环节

D. 教师要保证幼儿有充足的游戏时间

10. 幼儿在体育游戏中违反规则，教师应该（　　）。

A. 及时纠正并制止　　B. 游戏后找幼儿纠正

C. 让幼儿自己修改规则　　D. 不要管，这体现了个体差异性

本单元思维导图

- 体育游戏
  - 什么是体育游戏
    - 概念
      - 属于规则性游戏
      - 发展基本动作
    - 特点
      - 健身性
      - 娱乐性
      - 规则性
      - 教育性
    - 分类
      - 按内容分
      - 按组织形式分
      - 按目的分
      - 按产生时间分
    - 年龄班特点
      - 身体、动作发展
      - 心理特点
      - 游戏内容、情节
      - 游戏行为
      - 游戏规则
      - 游戏结果
  - 体育游戏的组织与指导
    - 准备
      - 选择适宜游戏
        - 游戏内容
        - 情节、角色、规则
      - 环境准备
        - 场地
        - 器材
    - 过程
      - 游戏前督促、检查、帮助幼儿
      - 游戏导入
        - 入场热身
        - 引入游戏内容、方法、注意事项
        - 引导角色分配
      - 观察和指导
        - 观察幼儿姿势
        - 观察规则遵守情况
        - 依据情况调整活动量
        - 依据情况拓展游戏
    - 结束
      - 放松活动
      - 评价
      - 整理场地、换好服装

第八单元

非游戏活动游戏化

知识目标

1. 了解非游戏活动游戏化的内涵
2. 理解幼儿园游戏精神

能力目标

联系实际理解非游戏活动游戏化的策略

素养目标

1. 尊重和热爱幼儿
2. 通过对游戏精神的理解，认同幼儿教师职业的重要性

任务索引

任务8-1-0-189　在实际中观察并理解一所幼儿园非游戏活动游戏化的进展情况

　　任务8-1-1-189　解释什么是非游戏活动

　　任务8-1-2-189　说说非游戏活动的类型

任务8-2-0-191　联系实际说明非游戏活动游戏化的策略

任务描述

禾禾已经3岁了，家附近有两所幼儿园。禾禾妈妈打听到，A幼儿园里孩子们总是玩耍，老师不教写字，也不布置作业，而B幼儿园里的孩子天天上课。妈妈看了看B幼儿园的课表，发现那里的孩子不仅上了英语课、拼音课，还上了古文课，孩子们个个都会背《百家姓》。禾禾妈妈很犹豫，到底该让禾禾去A幼儿园还是B幼儿园呢？带着这个问题，我们开始本单元的学习。

第一节 幼儿园非游戏活动概述

《幼儿园教育指导纲要（试行）》指出，“幼儿园的基本活动是游戏”。游戏是幼儿的一种生存方式，在幼儿生活中占据重要的地位。游戏不仅能释放幼儿的天性，还能促进幼儿身心健康发展。从任务描述的案例里，我们看到有些幼儿园的老师已经认识到游戏是幼儿最喜爱的活动。幼儿喜欢将自己的一切活动游戏化。幼儿在游戏中体验快乐。游戏是与幼儿身心发展水平相适应的活动。游戏不仅是幼儿精力耗散的方式，还是幼儿的一种学习方式。在游戏中幼儿自发地进行学习，学习由幼儿内部动机推动，成为一种愉快的、自觉的学习，学习效果好。禾禾家附近B幼儿园里，孩子们按课表上课，教学小学化倾向严重。枯燥的授课与听课，容易让幼儿感到学习是一种负担。这种学习方式不仅效果不好，还会让幼儿失去童年本应有的快乐。

目前，越来越多的人认识到游戏对幼儿的作用，这是我国幼儿教育改革的重要成果。在此基础上，“幼儿园一切活动皆教育，幼儿园一切活动皆游戏”的理念深入幼儿园教育。非游戏活动游戏化贯彻了这一理念，成为以游戏为基本活动的幼儿园教育活动的组成部分。

幼儿园实景

我们的节日：
玩味中秋

一、非游戏活动的概念

幼儿园除了特定的游戏活动之外，所有其他活动都是非游戏活动。非游戏活动游戏化是将“幼儿园一切活动皆游戏”理念落地，目的是让教师在教学活动、一日生活等环节中贯穿游戏精神，并通过创设良好的环境、提供适宜的材料，充分发挥幼儿的主体性，促进幼儿积极、主动地建构经验，让幼儿享受自由、自主，体验愉悦、创造。

非游戏活动与游戏活动不同，它的目的可能是完成教学任务的系统性知识学习，也可能是完成某个生活环节或各个环节间的过渡。非游戏活动对于幼儿来说可能缺乏吸引力，因此教师设计、加入游戏活动的因素使之游戏化，可以激发幼儿兴趣。

二、非游戏活动的类型

幼儿园非游戏活动有很多，为完成教师任务而进行的区域活动、教学环节、一日生活中的过渡环节等都是非游戏活动。

（一）部分区域活动

在区域内进行的活动可能是游戏，也有可能是非游戏活动，这取决于区域活动中教师对幼儿的控制程度、指导方式，幼儿活动的自由程度。如果幼儿在区域内进行的活动是发现学习，教师低控，幼儿活动自由，则此时区域活动是自主游戏。如果幼儿在区域中是在教师的指导下进行的发现学习，则此时区域内进行的活动是定向探索性游戏。如果幼儿在区域活动中是为了完成教师的任务，教师对幼儿的行为高度控制，那么幼儿此时进行的是接受学习，属于非游戏活动是做作业。

（二）幼儿园教学环节

幼儿园教学是由教师的教和幼儿的学共同组成的活动，是教师与幼儿的交往和相互作用的过程。教师根据教育目的、教育纲要，有计划、有目的地指导幼儿，通过集体、小组教学活动，帮助幼儿获得多方面的经验和知识。教学中教师制订教学计划、设计教案，幼儿活动参与度高。教师在教学中不使用游戏，或者使用了游戏，但游戏与教学的内容脱节，二者联系不紧密，这都不是教学游戏化。

（三）一日生活中的过渡环节

幼儿园一日生活中，除了幼儿小便、洗手、喝水、吃点心等生活环节外，还存在环节和环节之间的过渡环节。在过渡环节中，有的教师使用高控的手段，使幼儿平稳地进入下一个环节；有的教师只顾自己准备下一个活动，放任幼儿在教室内奔跑打闹和嬉戏。这两种方式都有缺陷，它们都属于非游戏活动。

第二节 非游戏活动游戏化策略

非游戏活动游戏化的前提是从游戏活动中提取可利用的游戏因素，使之与非游戏活动有机结合，使非游戏活动过程游戏化。通过剖析各种游戏活动，教育学家们发现游戏因素有可操作性、主动的行为动机、愉快的情绪体验、友好的人际关系、丰富的外部条件等。教师们可以利用这些因素组织改造非游戏活动，使之游戏化。如在非游戏活动中设计幼儿的可操作环节，让幼儿自由操作（如探索、角色扮演、说唱表演等）或进行被规范的操作（如使用玩具或游戏材料等）；在人际关系方面，增加幼儿间的合理交流，利用非对抗性的伙伴关系（如伙伴间平行、联合、合作等）或者对抗性的伙伴关系（如竞赛）；在外部条件方面，可以增加游戏发生的模拟物质环境和模拟心理环境。

一、综合主题活动与区域游戏合理整合

主题活动是幼儿园课程和教学活动的重要组织形式。与主题活动相联系的区域活动是教师根据主题教学活动的目标和内容，通过在适当的活动区投放相应的材料或增加新的活动区域，引导幼儿开展的与主题相关的活动，能增进和丰富幼儿与主题相关的经验。将综合主题活动与区域游戏整合，使区域游戏成为综合主题活动的一个组成部分。主题活动可以提供游戏的情节，幼儿将在主题活动中学到的知识反映到游戏中，促进游戏向更有情节、更深层次的方向发展。教师在实施主题教学活动时，发现幼儿喜欢的、感兴趣的事物和偶发事件中所隐含的问题具有教育价值，就可以生成区域游戏，将区域游戏作为集体教学的延伸。同时游戏活动也可以生成主题活动的内容，幼儿在游戏活动中表现出的片面性错误，教师如果判断具有教育意义，则可以生成新的主题活动。此外，通过游戏活动还能巩固主题活动的经验。幼儿将主题活动中获得的经验迁移到游戏中，巩固所学的知识。

（一）合理设置主题背景下区域游戏的活动目标与内容

教师可以通过建构的主题网络和主题线索，选择适宜的内容设计一些自主性较强的区域游戏，利用主题活动生成区域活动的目标与内容。例如，春天来了，幼儿对季节的变化感到新奇，为此幼儿园开展“春天在哪里”的主题活动。教师将区域目标定为：幼儿能按自己的意愿选择自己喜欢的区域；在游戏中遵守游戏规则，愉快游戏；能大胆地在集体面前评价游戏的过程；通过区域活动进一步了解春天的特征以及春天里人们的活动。

（二）提高参与度，激发幼儿参与区域游戏环境创设

教师可以通过谈话、提问等多种方式来帮助幼儿理解活动主题，与幼儿一起探讨如何开展活动环境创设。鼓励幼儿通过观察、讨论、操作等方式全程创设区域环境，提高幼儿的参与度和对之后游戏活动的兴趣。

（三）合理投放游戏材料，丰富区域游戏的物质条件

具体、直观、可操作的材料能大大促进幼儿在区域内的主动探索和自主学习。不同的区域游戏活动对材料有不同的要求。低结构性的材料对于幼儿来说更富于探索性，其功能和用途也更为广泛。低结构性的材料可以激发幼儿的联想和想象，提高游戏创造性和创新性。此外，材料的不同组合方式也会进一步拓展其教育功用。例如，秋天的落叶可以成为科学区的分类材料，在美工区可以做成树叶粘贴画，在表演区可用于装饰草裙。

（四）重视评价，加强对主题背景下区域游戏的过程评价

主题背景下的区域游戏活动组织者必须依据活动的过程去评价幼儿的发展状态，进而有针对性地优化区域游戏的组织和实施。区域游戏的观察与评价主要包含以下几个方面：一是幼儿参与区域游戏的主体性与愉悦性；二是幼儿在区域游戏中与同伴互动的合作性；三是幼儿在区域游戏中使用玩具材料的正确性与创造性；四是幼儿在区域游戏活动中的独立性与组织性；五是幼儿在区域游戏活动中的认知能力、游戏水平。

二、综合教学与游戏进行教学游戏化

教学游戏化以幼儿为主体，根据幼儿特性制订有针对性的教学计划，通过游戏来达到教育教学目的。虽然幼儿园教学的目标是教育幼儿更好地适应环境、学习知识，但如果教学缺乏趣味性就无法吸引幼儿，更不可能达到良好的教育效果。教学游戏化采用游戏的方式将教育目标融入游戏活动中，或者将游戏融入教学过程中，将幼儿的学习变成建立在游戏之上的学习。这样的教学方法能更好地适应幼儿的特点，最大化发挥游戏的重要作用。

教学游戏是教学游戏化的一种形式，是教师根据教学的目的，利用游戏的因素或形式所编制和组织的具有一定游戏性的教学活动。它是游戏因素与非游戏因素相结合的产物。教学游戏不等同于智力游戏。智力游戏是以智育任务为目的，教师利用游戏的形式编制的以智力活动方式进行的游戏，包括语言游戏、教学游戏、科学游戏以及心智训练游戏等。教学游戏不仅包括智力游戏，还包括体育游戏、音乐游戏等。它是为了完成教学任务而使用的游戏化的方法。

教学游戏不同于幼儿的自主游戏。它们的区别在于教学游戏的发起者是教师，而自主游戏的发起者则是幼儿自己。教学游戏是由教师根据一定的教学任务和目标设计出来

的。这种教学目标以游戏任务的形式直接向幼儿提出，在教学游戏中教师教的行为大多是预设的，这使得幼儿游戏活动具有计划性和定向性的特点。而幼儿的自主游戏则由幼儿自己决定怎么玩、和谁玩、用什么材料玩。

教学游戏化在实施过程中不仅是用到游戏，其核心是贯彻游戏精神。“游戏精神”是一种和谐且自由理念的表现，也体现了“过程就是结果”的精神。在教学游戏化过程中，是否使用游戏并不是教学游戏化的唯一标准。有些幼儿园教师在教学中使用了游戏，但教师仍是游戏活动的主导者，幼儿的所有行为和语言都受到教师的约束。本应是充满愉悦、兴奋和好奇，享受自由的游戏，变成幼儿在游戏活动中不敢随便说、不敢随便做，幼儿无法发挥创造力，这不是教学游戏化。因为幼儿此时更像是完成作业，而不是游戏。另外，如果教师使用的游戏与教学内容目标贴合度不高，也达不到教学游戏化的效果。教学游戏化应该是让教学具备趣味性、激发性、互动性、可操作性。它充分利用游戏因素服务于特定的教育目标和任务，将要传授的内容巧妙地渗透于游戏中，使幼儿在教学中也能产生游戏般的快乐体验。这需要幼儿在学习活动中处于主体地位，产生以兴趣性体验、自主性体验、胜任感体验为主要成分的游戏性体验，将来自外部的教学要求转化为幼儿自身的学习需要。

在教学中教师的教学目标属于非游戏因素，它可以成为幼儿学习的外部动机和间接动机。如幼儿认识到学习的必要性，形成克服困难的意志和努力学习的态度。同时，利用游戏满足幼儿的需要、兴趣、爱好。游戏化使幼儿的学习动机成为内部动机和直接动机，使幼儿的学习变成愉快的、自觉的行为。

教师可以使用以下四种形式进行教学游戏化：

一是辅助形式。教师将游戏视为组织教学的一种辅助手段，以引起幼儿对认知对象的好奇心，调节幼儿活动中的情绪，消除学习中的枯燥感。例如，教师在集体活动前让幼儿做手指操，吸引幼儿注意力，方便之后的教学。

二是组合形式。教师根据教学要求设计游戏并将游戏与其他教学环节组合成一个更为有趣的教学活动，游戏的目标、规则、时间、次数由教师决定。例如，教师为了训练幼儿立定跳远，在集体活动中先教会幼儿立定跳远的要领，然后组织幼儿跳过地上的横线。教师把这个活动设计成小青蛙跳过池塘里的荷叶，到对岸的小鸭家做客的游戏。

三是融合形式。教师将教育的内容要求融于一个或几个游戏之中，当游戏结束时，教学要求也随之达到。例如，教师组织幼儿玩“送萝卜”的游戏，幼儿在游戏中扮演小白兔，跳过草地，爬过山坡，穿过山洞，在练习了多种动作后，完成了游戏，体验了游戏的快乐，同时达到了既定的教育目标。

四是整合形式。教师将游戏贯穿于整个教学过程，在满足幼儿游戏需要的同时，促进幼儿情感态度的发展，提高幼儿与同伴间交往合作等社会性发展，最大程度地发挥游戏的教育作用。例如，教师组织幼儿分组合作，想办法用报纸剪出最长的“面条”，并通过比赛，选出“最佳食神队”，幼儿通过讨论想到了用螺旋式剪法，剪出了最长的“面条”。

三、在一日生活的过渡环节引入游戏

将游戏引入一日生活中的过渡环节，既可以让幼儿平稳地过渡，又可以让幼儿在过渡时段保持愉悦的心情，顺利进入下一个环节。

过渡环节有由动到静的转换，此时教师可以组织一些有助于幼儿情绪转向安静平稳的游戏来进行活动过渡，帮助幼儿调节情绪与身体的状态。例如，教师带领幼儿做“捉老鼠”的游戏，幼儿假装小花猫捉老鼠，教师提醒幼儿“大家得悄悄地，不然老鼠都被我们吓跑了”。

过渡环节也有由静到动的转换。在幼儿园一日生活中由静到动的过渡环节很多。例如，由室内转向户外活动、幼儿午睡起床以后的活动、由静到动的集体教学活动等。此时可以玩一些游戏，让幼儿做好情绪和身体的调节。例如，“猜猜我是谁”的游戏，教师给一个幼儿一张卡片，让他把卡片上画的动物表演出来，让其他幼儿猜到底是什么动物。

还有一种过渡环节是环节与环节之间的等待时段。例如，在幼儿喝水、小便、排队准备下楼去户外的时候，有的幼儿快，有的幼儿慢，这个时候教师可以组织已经准备完毕的幼儿在走廊玩小范围的游戏，愉快度过等待时间。此时适合玩的游戏可以是跟教师打节奏、翻花绳、玩手影等。

参考阅读

餐前游戏：如果你饿了

活动介绍

这是一个可以引发幼儿食欲的手指游戏，教师改编一首幼儿熟悉的歌曲，让幼儿可以很快投入游戏中。当食物已摆放到幼儿面前，幼儿开始食用点心或午餐时，教师可以帮助幼儿获得与他们将要吃的食物相关的知识。

活动要点

幼儿围圈坐，教师坐在中间即可。

活动实施

幼儿一边唱《如果你饿了，你就会知道》，一边跟着教师做动作。

如果你饿了，你就会知道……那就舔舔你的嘴巴（舔舔嘴巴），

如果你饿了，你就会知道……抚摸你的小肚子（摸摸肚子）；

如果你饿了，那是到了吃饭的时间，让我们一起坐端正（坐端正）。

学习小结

学

阅读教材，完成本单元任务。

做

1. 做本单元过关题。
2. 去幼儿园跟班见习一天，了解幼儿园一日活动安排。

思

1. 复习本单元的思维导图。
2. 总结自己本单元学习心得。

推荐阅读

［1］董旭花，刘霞，赵福云，等. 幼儿园自主性学习区域活动指导．北京：中国轻工业出版社，2014.

推荐理由：幼儿园生活操作区、美工区、益智区、科学区等，一般是教师根据教育目标和幼儿的兴趣投放材料，鼓励幼儿自主进行各种各样的学习或技能练习的活动。本书围绕教师在开展自主性学习区域活动中最关心的五大方面，即区域活动内容与关键经验、区域活动的一般流程、评价要点、问题与对策以及活动案例，进行了理论结合大量实践案例的阐述。

［2］董旭花，王翠霞，阎莉，等. 幼儿园创造性游戏区域活动指导．北京：中国轻工业出版社，2014.

推荐理由：幼儿园创造性游戏区域是指那些以创造性游戏为主要活动内容的区域，比如角色区、建构区、表演区等，一般是教师根据各个年龄段幼儿的游戏兴趣投放相应的材料，供幼儿自由自主地开展各种游戏，如娃娃家、小医院、宝贝餐厅、故事表演游戏、音乐歌舞表演游戏、建构游戏等。本书围绕教师在开展创造性游戏区域活动中最关心的五大方面即区域活动内容与关键经验、区域活动的一般流程、评价要点、问题与对策以及活动案例，进行了生动的阐述。

肯德明心

结合现代元素
让传统游戏更具吸引力

过关题

1. 幼儿园的基本活动是（　　）。

A. 学习　　B. 游戏　　C. 长身体　　D. 生活活动

2. 教师将游戏视为组织教学的一种辅助手段，大多数情况下是用来吸引幼儿注意和好奇心的教学游戏化方式是（　　）。

A. 辅助形式　　B. 组合形式　　C. 融合形式　　D. 整合形式

3. 下列关于教学游戏化中游戏精神的说法，错误的是（　　）。

A. 游戏精神是一种和谐且自由的理念

B. 游戏精神表现为重视游戏过程

C. 游戏精神就是幼儿园所有活动的组织均使用游戏

D. 幼儿园组织的各项活动要贯穿游戏精神

4. 下列关于教学游戏化的论述，错误的是（　　）。

A. 教学游戏化以幼儿为主体，通过游戏来达到教育教学目的

B. 教学游戏化可以采用游戏的方式将教育目标融入游戏活动

C. 使用了游戏的教学就是教学游戏化

D. 教学游戏化是非游戏活动游戏化的重要组成部分

5. 在家长接幼儿的离园等待环节，老师可以让幼儿（　　）。

A. 玩一个小游戏　　B. 在教室里随意跑动

C. 乖乖坐在位置上不要乱动　　D. 趴在桌子上睡觉

6. 下列关于综合主题活动与区域游戏整合的说法，错误的是（　　）。

A. 教师需要合理投放游戏材料

B. 教师需要激发幼儿参与区域游戏环境创设

C. 教师需要将区域游戏的环境创设大胆地交到家长手里

D. 教师需要设置主题背景下区域游戏的活动目标与内容

7. 下列说法错误的是（　　）。

A. 幼儿园一日生活皆课程

B. 幼儿园一切活动皆教育

C. 幼儿园一切活动皆游戏

D. 幼儿园一切活动皆教学

8. 下列关于区域活动的说法，正确的是（　　）。

A. 区域里的活动都是游戏活动

B. 区域里幼儿进行的都是自主学习

C. 区域里幼儿进行的活动都是小组活动

D. 与主题结合的区域游戏活动是非游戏活动游戏化的重要组成部分

9. 区域游戏的观察与评价不包含下面哪个方面？（　　）

A. 幼儿参与区域游戏的主体性与愉悦性

B. 幼儿在区域游戏中同伴互动的合作性

C. 幼儿在区域游戏中使用玩具材料的正确性与创造性

D. 幼儿在区域游戏活动中使用时间的合理性

10. 教学游戏与幼儿自主游戏的不同之处在于（　　）。

A. 游戏发起者不同　　B. 游戏使用的材料不同

C. 游戏使用的时间不同　　D. 游戏使用的地点不同

本单元思维导图

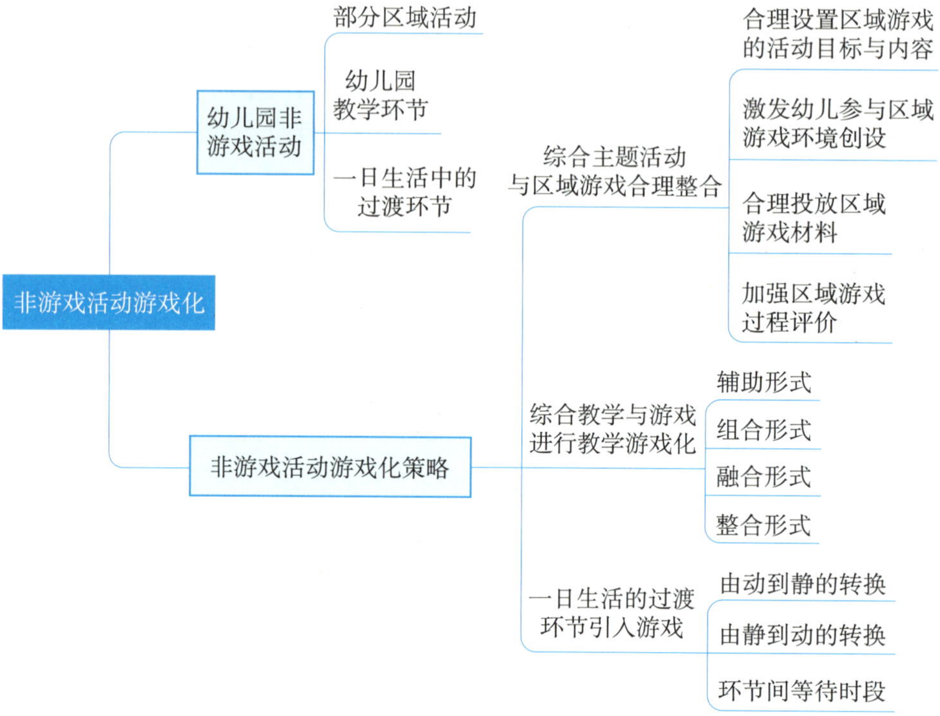
非游戏活动游戏化
幼儿园非游戏活动
部分区域活动
幼儿园教学环节
一日生活中的过渡环节
非游戏活动游戏化策略
综合主题活动与区域游戏合理整合
合理设置区域游戏的活动目标与内容
激发幼儿参与区域游戏环境创设
合理投放区域游戏材料
加强区域游戏过程评价
综合教学与游戏进行教学游戏化
辅助形式
组合形式
融合形式
整合形式
一日生活的过渡环节引入游戏
由动到静的转换
由静到动的转换
环节间等待时段

参考文献

1. 吕晓霞. 浅谈提升幼儿园角色游戏有效性的策略. 国家通用语言文字教学与研究，2023（10）.

2. 刘焱．儿童游戏通论．福州：福建人民出版社，2015.

3. 杨枫．学前儿童游戏. 4 版. 北京：高等教育出版社，2022.

4. 雷湘竹．学前儿童游戏．上海：华东师范大学出版社，2012.

5. 刘晓红．学前儿童游戏．郑州：郑州大学出版社，2016.

6. 白燕梅，刘丽丹，焦娇．幼儿游戏设计与指导．北京：北京理工大学出版社，2019.

7. 王琦．幼儿游戏实践与操作．成都：四川大学出版社，2013.

8. 程玉蓉，甘露．幼儿游戏活动组织与指导．重庆：重庆大学出版社，2015.

9. 王瑞．浅析结构游戏的指导方法．长春教育学院学报，2019，35（6）.

10. 易波．音乐游戏在幼儿健康成长中的作用．北方音乐，2019，39（14）.

附录　过关题参考答案

第一单元　幼儿游戏导论

1. B　2. C　3. A　4. C　5. B　6. D　7. D　8. A　9. D　10. A　11. D　12. D　13. D　14. B　15. D　16. B　17. B　18. A　19. B　20. B　21. A　22. A　23. B　24. C　25. D　26. A　27. A　28. B

第二单元　角色游戏

1. B　2. B　3. A　4. B　5. C　6. A　7. D　8. A　9. A　10. B

第三单元　表演游戏

1. C　2. C　3. C　4. B　5. B　6. A　7. D　8. C　9. A　10. C

第四单元　结构游戏

1. D　2. A　3. B　4. A　5. A　6. C　7. B　8. C　9. C　10. B

第五单元　智力游戏

1. D　2. B　3. B　4. B　5. A　6. B　7. C　8. B　9. B　10. A

第六单元　音乐游戏

1. C　2. B　3. D　4. B　5. D　6. C　7. A　8. B　9. B　10. A

第七单元　体育游戏

1. B　2. D　3. A　4. B　5. A　6. A　7. B　8. D　9. B　10. A

第八单元　非游戏活动游戏化

1. B　2. A　3. C　4. C　5. A　6. C　7. D　8. D　9. D　10. A